U0503301

海上絲綢之路基本文獻叢書

東印度與華僑經濟發展史（下）

丘守愚 編著

文物出版社

圖書在版編目（CIP）數據

東印度與華僑經濟發展史．下 / 丘守愚編著．-- 北京：文物出版社，2022.7
（海上絲綢之路基本文獻叢書）
ISBN 978-7-5010-7693-2

Ⅰ．①東… Ⅱ．①丘… Ⅲ．①經濟史－印尼②華僑－經濟史－印尼－現代 Ⅳ．①F134.295

中國版本圖書館 CIP 數據核字（2022）第 086649 號

海上絲綢之路基本文獻叢書
東印度與華僑經濟發展史（下）

編　　者：丘守愚
策　　劃：盛世博閱（北京）文化有限責任公司

封面設計：鞏榮彪
責任編輯：劉永海
責任印製：王　芳

出版發行：文物出版社
社　　址：北京市東城區東直門内北小街 2 號樓
郵　　編：100007
網　　址：http://www.wenwu.com
經　　銷：新華書店
印　　刷：北京旺都印務有限公司
開　　本：787mm×1092mm　1/16
印　　張：14.625
版　　次：2022 年 7 月第 1 版
印　　次：2022 年 7 月第 1 次印刷
書　　號：ISBN 978-7-5010-7693-2
定　　價：98.00 圓

總緒

海上絲綢之路，一般意義上是指從秦漢至鴉片戰爭前中國與世界進行政治、經濟、文化交流的海上通道，主要分爲經由黄海、東海的海路最終抵達日本列島及朝鮮半島的東海航綫和以徐聞、合浦、廣州、泉州爲起點通往東南亞及印度洋地區的南海航綫。

在中國古代文獻中，最早、最詳細記載『海上絲綢之路』航綫的是東漢班固的《漢書·地理志》，詳細記載了西漢黄門譯長率領應募者入海『齎黄金雜繒而往』之事，書中所出現的地理記載與東南亞地區相關，并與實際的地理狀况基本相符。

東漢後，中國進入魏晋南北朝長達三百多年的分裂割據時期，絲路上的交往也走向低谷。這一時期的絲路交往，以法顯的西行最爲著名。法顯作爲從陸路西行到印度，再由海路回國的第一人，根據親身經歷所寫的《佛國記》（又稱《法顯傳》）一書，詳細介紹了古代中亞和印度、巴基斯坦、斯里蘭卡等地的歷史及風土人情，是瞭解和研究海陸絲綢之路的珍貴歷史資料。

隨着隋唐的統一，中國經濟重心的南移，中國與西方交通以海路爲主，海上絲綢之路進入大發展時期。廣州成爲唐朝最大的海外貿易中心，朝廷設立市舶司，專門管理海外貿易。唐代著名的地理學家賈耽（七三〇～八〇五年）的《皇華四達記》記載了從廣州通往阿拉伯地區的海上交通『廣州通夷道』，詳述了從廣州港出發，經越南、馬來半島、蘇門答臘半島至印度、錫蘭，直至波斯灣沿岸各國的航綫及沿途地區的方位、名稱、島礁、山川、民俗等。譯經大師義净西行求法，將沿途見聞寫成著作《大唐西域求法高僧傳》，詳細記載了海上絲綢之路的發展變化，是我們瞭解絲綢之路不可多得的第一手資料。

宋代的造船技術和航海技術顯著提高，指南針廣泛應用於航海，中國商船的遠航能力大大提升。北宋徐兢的《宣和奉使高麗圖經》詳細記述了船舶製造、海洋地理和往來航綫，是研究宋代海外交通史、中朝友好關係史、中朝經濟文化交流史的重要文獻。南宋趙汝適《諸蕃志》記載，南海有五十三個國家和地區與南宋通商貿易，形成了通往日本、高麗、東南亞、印度、波斯、阿拉伯等地的『海上絲綢之路』。宋代爲了加强商貿往來，於北宋神宗元豐三年（一〇八〇年）頒佈了中國歷史上第一部海洋貿易管理條例《廣州市舶條法》，并稱爲宋代貿易管理的制度範本。

元朝在經濟上採用重商主義政策，鼓勵海外貿易，中國與歐洲的聯繫與交往非常頻繁，其中馬可·波羅、伊本·白圖泰等歐洲旅行家來到中國，留下了大量的旅行記，記録元代海上絲綢之路的盛况。元代的汪大淵兩次出海，撰寫出《島夷志略》一書，記録了二百多個國名和地名，其中不少首次見於中國著録，涉及的地理範圍東至菲律賓群島，西至非洲。這些都反映了元朝時中西經濟文化交流的豐富内容。

明、清政府先後多次實施海禁政策，海上絲綢之路的貿易逐漸衰落。但是從明永樂三年至明宣德八年的二十八年裏，鄭和率船隊七下西洋，先後到達的國家多達三十多個，在進行經貿交流的同時，也極大地促進了中外文化的交流，這些都詳見於《西洋蕃國志》《星槎勝覽》《瀛涯勝覽》等典籍中。

關於海上絲綢之路的文獻記述，除上述官員、學者、求法或傳教高僧以及旅行者的著作外，自《漢書》之後，歷代正史大都列有《地理志》《四夷傳》《西域傳》《外國傳》《蠻夷傳》《屬國傳》等篇章，加上唐宋以來衆多的典制類文獻、地方史志文獻，集中反映了歷代王朝對於周邊部族、政權以及西方世界的認識，都是關於海上絲綢之路的原始史料性文獻。

海上絲綢之路概念的形成，經歷了一個演變的過程。十九世紀七十年代德國地理學家費迪南·馮·李希霍芬（Ferdinad Von Richthofen，一八三三～一九〇五），在其《中國：親身旅行和研究成果》第三卷中首次把輸出中國絲綢的東西陸路稱爲『絲綢之路』。有『歐洲漢學泰斗』之稱的法國漢學家沙畹（Édouard Chavannes，一八六五～一九一八），在其一九〇三年著作的《西突厥史料》中提出『絲路有海陸兩道』，蘊涵了海上絲綢之路最初提法。迄今發現最早正式提出『海上絲綢之路』一詞的是日本考古學家三杉隆敏，他在一九六七年出版《中國瓷器之旅：探索海上的絲綢之路》中首次使用『海上絲綢之路』一詞；一九七九年三杉隆敏又出版了《海上絲綢之路》一書，其立意和出發點局限在東西方之間的陶瓷貿易與交流史。

二十世紀八十年代以來，在海外交通史研究中，『海上絲綢之路』一詞逐漸成爲中外學術界廣泛接受的概念。根據姚楠等人研究，饒宗頤先生是華人中最早提出『海上絲綢之路』的人，他的《海道之絲路與昆侖舶》正式提出『海上絲路』的稱謂。選堂先生評價海上絲綢之路是外交、貿易和文化交流作用的通道。此後，大陸學者馮蔚然在一九七八年編寫的《航運史話》中，使用『海上絲綢之路』一詞，這是迄今學界查到的中國大陸最早使用『海上絲綢之路』的人，更多地限於航海活動領域的考察。一九八〇年北京大學陳炎教授提出『海上絲綢之路』研究，并於一九八一年發表《略論海上絲綢之路》一文。他對海上絲綢之路的理解超越以往，且帶有濃厚的愛國主義思想。陳炎教授之後，從事研究海上絲綢之路的學者越來越多，尤其沿海港口城市向聯合國申請海上絲綢之路非物質文化遺産活動，將海上絲綢之路研究推向新高潮。另外，國家把建設『絲綢之路經濟帶』和『二十一世紀海上絲綢之路』作爲對外發展方針，將這一學術課題提升爲國家願景的高度，使海上絲綢之路形成超越學術進入政經層面的熱潮。

與海上絲綢之路學的萬千氣象相對應，海上絲綢之路文獻的整理工作仍顯滯後，遠遠跟不上突飛猛進的研究進展。二〇一八年厦門大學、中山大學等單位聯合發起『海上絲綢之路文獻集成』專案，尚在醖釀當中。我們不揣淺陋，深入調查，廣泛搜集，將有關海上絲綢之路的原始史料文獻和研究文獻，分爲風俗物産、雜史筆記、海防海事、典章檔案等六個類别，彙編成《海上絲綢之路歷史文化叢書》，於二〇二〇年影印出版。此輯面市以來，深受各大圖書館及相關研究者好評。爲讓更多的讀者親近古籍文獻，我們遴選出前編中的菁華，彙編成《海上絲綢之路基本文獻叢書》，以單行本影印出版，以饗讀者，以期爲讀者展現出一幅幅中外經濟文化交流的精美畫卷，爲海上絲綢之路的研究提供歷史借鑒，爲『二十一世紀海上絲綢之路』倡議構想的實踐做好歷史的詮釋和注脚，從而達到『以史爲鑒』『古爲今用』的目的。

凡例

一、本編注重史料的珍稀性，從《海上絲綢之路歷史文化叢書》中遴選出菁華，擬出版百册單行本。

二、本編所選之文獻，其編纂的年代下限至一九四九年。

三、本編排序無嚴格定式，所選之文獻篇幅以二百餘頁爲宜，以便讀者閱讀使用。

四、本編所選文獻，每種前皆注明版本、著者。

五、本編文獻皆爲影印，原始文本掃描之後經過修復處理，仍存原式，少數文獻由於原始底本欠佳，略有模糊之處，不影響閱讀使用。

六、本編原始底本非一時一地之出版物，原書裝幀、開本多有不同，本書彙編之後，統一爲十六開右翻本。

目録

東印度與華僑經濟發展史（下）

東印度與華僑經濟發展史（下）

章七至章九

丘守愚 編著

民國三十六年正中書局鉛印本

第七章 商 業

第一節 商法與商業政策

第一項 東印度各種商業法規

（一） 民法典與商法典

商法亦卽商律，屬于商人之法律也，亦爲民法中之特別法。按照東印度立法之規定，荷蘭之商法，卽東印度民法之一部，適用于歐人。百年前東印度民法係根據法國民法典及商法典。現因倣照法國之制度，東印度民法典之外，又有商法典。要之二者實互相補助其不足。東印度民法典以第三編爲緊要，內規定除契約普通合同條例之外，尙有多種之特別條例，特別合同。如賣出、出租、回扣、擔保等，均爲商場上所應考慮者。

商法典範圍不廣，僅包括數種商品而已。其所定商人之定義謂：商人者，行商業之行爲，與其基本事業爲經商者是也。于是人及公司均可謂之商人。此外對于商業公司、匯兌券、商業票據、保險、海商法等，均下以定義。對商人及非商人之別，解釋曰：如商人，其財政情形，須有簿記。此種簿記，須保有三十年。如取貨未償價者，有簿記卽有法律上之根據。此係對于商人利益上之規定。又如公司假造破產時，可扣留商品。此係對于社會上之利益之規定。餘如店主與店員之關係，店員對外權限之範圍，均有規定。

（二）公司法

東印度民法典祗承認兩種公司，一種為民法上之公司，一種法人團體。但在商法典則有三種公司：即股份有限公司，無限公司，及兩合公司。所謂公司者係以商行為為業而設之團體；即凡集合多人之資本以營利為目的，經主管官廳註冊而取得法人資格作為權利與義務之團體，謂之公司。上述之數種商業團體，其最重要者，為股份有限公司。此種有限公司之資本分為若干股，由股東分認之。股東之責任，以股票上面之金額為限。組織公司時，應在「梁礁處」訂立公司契據。「按梁礁」二字為荷文 Notaris 所譯成之福建音，意即公證人。且述一事相等于吾國組織公司時，須先在直接稅局請領營業牌照。關于董事會及資本數額，以及盈利之分配，均須在該契據中規定。其成立時，須將其章程，呈請政府批准。總督對于此事，先須諮詢司法部長之意見。若該公司並不違反善良風俗及公共秩序時，可邀批准。然後再向主管之高等法院註冊處註冊。契約全文並須登在官報。如是方能開始營業。公司章程，若經修改，亦須經過上述之手續。有限公司之股票可免貼印花，但最初之發起人，最少應共認足股額五分之一。開業時必須收足資本十分之一，而十年內應繳足公司資本總額。公司之董事，亦非為終身職。股份有限公司之納稅法，在法律上認作一法團，即抽盈利百分之十，再加抽附加稅百分之十，亦即每百盾抽二十盾向公司名義征收。若公司係分給股東之利潤，卽屬股東之個人入息，應由本人在所得稅塡報單上報明後，另行征收之。

無限公司係由股東負無限責任而組成者，不以所出資本爲限。如公司虧蝕，出資者于所出資本外，並負償還債務之任。此種公司信用最厚。無限公司與合夥公司不同，前者爲一法人組織，除股東外，以公司爲債務主體，且須公司財產不足淸償債務時，股東方負責任。股東對于公司之業務，皆有執行之權利，不以出資之多寡而有所軒輊。公司組織時，亦須先在梁礁處訂立契據，然後在公司設立區域之主管高等法院註册處存案，並須將契據登在官報。而後者則非法人組織，除合夥員外，無債務主體。合夥公司之組織，亦須在梁礁處立案，然後將立案之字寄呈東印度總督批准。合夥公司不出股票，故不同于有限公司之股東，僅由合夥之數人將名列入契約之內，以商店之名營業。在店內任職之股東，往往卽其經理。如遇公司虧蝕，不問多少，槪由合夥者負責。華僑經營之商店，以此類爲最多。合夥公司之入息稅，不能以商店爲納稅人，必須將合夥員之姓名住址逐一報明，俾便稅局分向各人納稅。

兩合公司舊稱合資公司，以無限責任股東與有限責任股東組成之。如遇公司虧蝕，而公司財產不足淸償債務時，無限責任股東雖已繳足所認資本，仍有負淸償全部債務之責任，而有限責任股東除所任股份外，毫不再負責任。此種公司，其股東至少有一人負無限責任。無限公司與兩合公司，均須照已繳資本百分之一·五繳納印花稅。有限公司招股時，亦須照已繳資本百分之一•五繳納印花稅。

（三）商業條例

除民法典及商法典之外，尚有數種關于商業上之條例，以政府命令行之。

（一）關于實業財產例如商標等之條例。所謂商標者，係商人表揚其商品，並防止他人假冒之標識，通常以繪畫或文字或記號或名人照片表現之。此種商標之專用權，須在吧城商標註冊局註冊。凡首先設計之商標，在荷蘭及其殖民地有唯一之權利，他人不得倣用，否則即係侵害其法益，可請求法律保護，賠償因假冒商標所受之損害。用名人照片作商標時，雖有認爲不當者，若非照片本人出頭抗議，政府商標局亦不能拒絕該項商標。凡註冊之商標，其有效期爲二十年。期滿卽失效，須重新註冊。已註冊之商標，可轉讓或傳與他人。爲防止日後發生糾紛起見，應呈請吧城商標註冊局轉名。商標註冊或轉讓時，須繳納一定之費用。

（二）關于專利之條例。各國政府對于新發明之物或方法，特許專利于一定時期內得獨佔其利益，謂之專利。荷蘭及其東西印度，共成爲一專利權區。專利權證，均由荷蘭本國之專利局頒發。凡東印度之發明人，欲請求專利權時，可將請求書寄于吧城之商標局，轉請荷蘭專利局審查，給予專利，並應繳納七十五盾之手續費。其有效期限爲十五年，每年亦應繳納專利稅。

第二項　東印度商業政策之演進

（一）自由貿易政策

近數百年來，荷蘭之繁榮建築于東印度富源之上，故荷人從未忽視東印度殖民地之經濟利益及其國際政策之重要性。然此殖民地對其母國之貢獻爲何如。在此七十三萬方哩之土地上每年送達于荷蘭之純利益爲一萬萬六千萬盾之多。其各種企業中，直接及間接聘任之荷人又達八萬人，且須供給其優裕之消費。故荷蘭之保有東印度在物質上已供給四十萬荷人之所需。此種情形，無怪荷人視東印度爲東方之寶庫也。

荷蘭對東印度之商業，自昔卽採自由貿易政策。遠在東印度公司時代，荷蘭在東印度之利益，全數取自商業。惟斯時荷蘭之情形，亦自有其困難。在由荷蘭開往印度之荷船，不能由歐洲裝載可以銷售于遠東之貨品。萬里航行，僅屬空船，故航海利益甚小，僅由印度裝載貨品赴東印度銷售後，乃裝載東印度貨品赴印度，再載印度貨品而歸歐洲。英國則不然。英國爲一工業革命先進國家，十八世紀蘭開夏之紡織業，既爲世人所稱道，故英船卽可以其紡織品供給印度，而其價格，反較印度手工業之紡織品爲廉。又可以英國著名之紅煤運至遠東，以增加航運上之利益。此種情形，自與荷蘭商業有害，且危及荷人在東印度之市場。尤有甚者，英國購買印度棉花，卽可以英國布疋償還其值，而荷蘭購買印棉，却無法爲之償還。故一八一五年後，東印度政府不得不採關稅保護政策，課英國紡織品以入口稅，以期與英國競爭。

（二） 關稅保護政策

一八一一年至一八一六年英國佔領爪哇期間，輸入稅爲從價百分之十，英船另加附加稅百分之三十，外船則另加百分之六十。一八一五年英國決定將爪哇歸還于荷蘭後，荷船遂與英船處于同等地位，且將輸入稅由百分之十減爲百分之六，蓋英人希望將來荷人能維持低廉之稅則及平等對待英國也。

維也納會議後，比利時歸併荷蘭成立低地王國，荷蘭之力量既增强，爲欲對抗英國起見，非擴張其航業與發展其紡織業不能成功。于是荷王威廉一世乃採取關稅保護政策，以保護南方之紡織業與北方商業及航業。一八一七年東印度關稅稅則遂爲之修改。于是英國已不能在東印度與荷蘭同受特惠。一八一八年東印度輸入稅率中荷船爲百分之六，外國船爲百分之十二，另加附加稅百分之三十。一八一九年荷船竟免除輸入稅，荷蘭因殖民地法令之改訂，遂在短期間，獲得東印度貿易總額三分之一，海運亦幾及三分之一。一八二四年東印度稅則又有更改。凡好望角以西之外國紡織品，徵收百分之二十四輸入稅。好望角以東者，則征收百分之三十五輸入稅。其所以如此者，蓋限制英國貨經加爾各答、新嘉坡間接輸入東印度耳。英國以其違反協定，提出抗議，但無結果。一八三六年東印度政府對母國之紡織品，提高至百分之十二·五輸入稅。于是英國貨受到百分之二十五之重稅。一八三七年東印度又制定新稅則：荷船所輸入之貨課以百分之六輸入稅，外國船則倍之。若干貨品如持有荷蘭出產之證明書則徵收百分之十二輸入稅。否則須課以百分之二十四輸入稅。一八五四年東印度新憲法規定輸入稅須由國民會議決定。一八六五年之關稅法規定輸入稅中普通貨品爲從價百分之六，若干種商品爲百分之十。若紡織品、陶器、鐵器、銅器、皮製品等，如持有荷蘭出產之證明書。則征收百分之十輸入稅，否則須課以百分之二十之稅率。一八六九年此種稅則減爲百分之十六。一八七四年新法規定輸入稅一率爲百分之六，廢除差別待遇。一九〇七年又規定若干種貨品增至百分之十或百分之十二輸入稅。一九二一年再有增加。一九三〇年至一九三一年改定之結果，輸入稅仍爲百分之六至百分之十二，僅增加附加稅百分之五十，且無差別待遇，而保持其自由貿易之原則。一九三一年後，各國均採關稅壁壘政策以保護其貿易。于是引起東印度自由貿易政策與回復優待稅則之爭論。主張自由貿易政策者，謂荷蘭爲一蕞爾小國，利于世界各國自由貿易及有力減低各國關稅，而門戶開放政策實爲東印度殖民地最重要政策之一，以荷蘭誠不可忽視國際間之嚴重壓力。主張回復優待稅則政策者，謂應保護由荷蘭母國之輸入，及對抗異常之輸入，使國內產業得到保護。結果後者戰勝。于是一九三一年後，東印度遂拋棄其自由貿易政策而實行保護關稅政策。

東印度之關稅二十年來原以財政關稅爲目的，因無特惠關稅之規定，故由荷蘭母國輸入之貨品，與由其他國家所輸入之貨品，並無差別待遇。一九三三年提高關稅後，終未能達到保護之目的。雖一九三三年及一九三四年一再增稅，亦無效果其原因：（一）東印度人口與面積，遠在荷蘭之上。東印度有人口六千萬，而荷蘭僅有八百萬人。東印度擁有七十三萬方哩之土地，而荷蘭僅有一萬餘方哩。故在特惠關稅之下于荷蘭有利，而東印度並不能受其利。（二）荷人在東印度之利益並非純粹之工商業利益。荷蘭製造品在東印度市場之地位，遠不及荷蘭資本在東印度農業之重要。荷人在東印度之農業投資，已佔其總數三分之二，故東印度實需要其原料之銷售市場。關稅保護政策之施行，既限制外貨之輸入，不啻限制土產之輸出也。惟保護政策無論以何種形式表現，均被視爲對于長期社會利益有害之落後思想。此種思想當經事實予以證明，卽在自由貿易與門戶開放政策之下，東印度已獲得驚人之發展故也。

（三） 非常時期之限制輸入政策及農業輸出限制政策

東印度人民之生活標準本甚低廉。一九二九年世界不景氣後，日本廉價貨品遂成爲東印度市場之嬌嬌者。一九三三年東印度國民會議乃通過非常時期限制輸入令予政府于必要時對各貨品限制輸入之權力。該法案曾以溫和之理由作下例之叙述曰：近年東印度市場，廉價貨品充斥，益以恐慌日甚之期間本國商品迫處于無保護之市場，而被排斥。遂致東印度多數實業，陷于窘境。方以爲此種情況不久卽可好轉，不期現已日趨惡化。政府若再不予以保護，將無法與之對抗。然不能徒空待將來之好轉，而坐視多數原有健全事業之倒閉。現政府放棄其傳統之自由貿易政策而急變爲關稅保護政策，恐亦有不良結果，故特鄭重聲明，在此種情況之下，改變從來對外貿易政策之原則，並非得已，恐不久或得知此政策之錯誤亦未可知。惟儘量在不變更通商政策範圍之內，以期取得效果，僅以限制輸入及定量輸入爲一時之手段而已。此法案之目的，並非對特定之公司或特定之國家予以特惠予某國以利益，或予某國以不利，僅保護東印度境內之事業，及緩和外國貨品之過剩，以防止苦心締造之商業組織爲之破壞而已。

一九三三年第一次限制輸入後，一九三四年大豆輸入亦被限制。是年政府頒布工業統制法令後，外來貨品已被限制，故國內工業品之價格隨卽上漲。對于定量之輸入方面分二種：一爲特別定量，目的在使輸出入平衡而得到所需之物品。二爲一般定量，目的在限制各種輸入。每種輸入均爲此定量所限制，限制輸入令所包括之貨品，在某一期間內，附予輸入限制或分配，卽將一定之數量分配于荷蘭出品，而其殘餘之量，則不問何國所產，任其自由輸入。後以日本商品易于競爭，故又予英德以一定量之分配。一九三七年特別定量荷蘭輸入佔百分之十四，一般定量佔百分之二十五。日本方面特別定量由一九三二年之百分之三十四點五，退而爲一九三七年百分之二十五點四。

一九三二年東印度政府曾頒布非常時期農業輸出限制令。因農業大部分皆在外人手中，故易于限制。政府重要限制者爲糖業。一九三二年成立糖業專賣局。一九三三年之茶業及規納業，一九三四年之橡皮業，一九三五年之木棉業，皆爲國家限制事業之一。

（四）金輸出禁止後之商業政策

一九三六年東印度政府又頒布金輸出禁止令，而其商業政策亦因之而變更。蓋以前荷蘭與東印度皆爲金本位國家，但母國與子國之經濟情形則大異。故在金融方面尤須注意。東印度政府需與他國競爭，而此等國家又皆放棄金本位者，但東印度之債券皆以美金爲標準，故荷蘭投資大佔便宜。一九三六年荷蘭放棄金本位後，東印度之金融問題較爲鬆懈。于是盾價下落，對輸出貿易甚有影響。因獎勵輸出限制輸入，已不感外國商品之壓迫，是年乃頒布減低輸入稅，以求日用必需品之輸入。但因減低輸入稅，使政府關稅遭受莫大之損失，乃增加輸出稅百分之二以彌補之。

（五）發展內洋航行政策及保護航業政策

十九世紀末葉，東印度對于外船入港，皆以自由爲本，僅若干路線受政府之津貼。惟在此廣大島國中，內洋航業之重要，實關係全國，故政府在力之所及，必保持其運輸之健全，以發展內洋航行政策，因而與荷印王家郵船公司訂立一種契約。該公司須維持三十一條之內洋航線，照指定船期表運輸貨物及乘客之艙位，亦規定其最低限度之容量。在政府方面，以政府公務員及貨物由該公司包辦運送，作爲交換條件。在此三十一條航線中，有若干線因貨運之缺乏而須虧蝕。一九三四年該公司有輪船一百三十一艘，在內洋航行三百六十萬浬，裝貨一百六十萬公噸，乘客爲四十二萬人。因該年爲東印度不景氣之一年，故航運較之一九二九年殊見遜色。一九二九年該公司有船一百五十艘，內洋航行爲五百萬浬，裝貨四百六十萬噸，乘客一百四十萬人。故在此廣大島國中欲維持靈活運輸，亦非易事。在外洋航行中，東印度政府亦予荷蘭郵船公司及勞特丹公司以津貼。此二公司爲母國之輪船公司，航行于荷蘭與東印度間。一九二八年東印度之航運百分之三十五與四十六來自荷蘭與東印度各地，一九三九年則爲百分之三十三與百分之四十七。但日荷航運競爭甚烈，一九三六年日本與東印度間之航運佔全部航運百分之四十，于是東印度政府乃規定于其航運受害時，卽實行限制對外輪之出入。是爲東印度之保護航業政策，用以强化其商業。

（六）戰時統制外匯限制奢侈物品輸入政策

一九四〇年歐洲局勢變動後，東印度之政治經濟地位，益形重要。政府爲維持當地金融市場起見，乃于五月十二日由東印度軍部司令官依總督令頒布統制外匯暫行條例，全文共分十條。旋因荷蘭本國情勢驟變，該項條例復加修改，增爲十二條。內容規定極爲嚴密，對于一切金塊有價證券及支票匯票等之交易或出口，均予禁止。茲將其條文列後：

第一條

（一）施行本條例，其所謂住民者定義如下：甲、住在東印度或在東印度設有辦事處者；乙、在東印度之法人或法人所設辦事處。

（二）外僑之定義：凡不屬於第一款所指之自然人或法人。

（三）金之定義：金幣及未製造之金。

（四）錢幣之定義：金屬品所製之硬幣及紙幣，惟金幣不在內。

（五）值錢票據之定義：即銀行支票、匯票、債票及其他有價值之單據，惟已到期之利票息摺及證券不在內。

（六）證券之定義：債權人簽發之收據、股票、債票、當票、股票利票、及息摺等。

（七）提取之定義：定期存款之已屆期或未屆期存款盈餘等之提取等，已屆期之利票或息摺等及證券亦適用之。

（八）輸出之定義：一切輸出並無關於駁運者，如甲、輸出單向有關係之稅務填報者；乙、將該物品交由運輸公司輸出者；丙、凡物品已在運輸工具內或攜交該運輸工具或準備在該運輸工具內，而該運輸工具在關員檢查輸出貨物地範圍之外者；丁、接受攜帶或準備置於將開往國外之飛機內，或飛機之附近或將駛往國外運輸工具之內或附近者。

第二條

（一）實施此例時，其被認爲東印度國內之錢幣及物品者如左：甲、錢幣係指東印度境內，或某一部分正式通用以還物價者；乙、有價值單據證券，及各種收單僅在荷屬境內付款者而付款人也在荷屬境內者；丙、其他各種權益，僅能給於荷屬境內之人享受者。

（二）一切錢幣有價值單據證券及一切收單及其他權益，餘則認爲外來貨品。

第三條

各籍居民暫時禁止施用售賣或押當如下：甲、金幣；乙、外國錢幣；丙、外國有價值單據；丁、外國證券；戊、證券應被認爲國內證券，但在國外者；己、外國各種單據；庚、其他各種外國人之權益；辛、在荷屬境外之動產及不動產；壬、在荷屬境內之動產但不列入爲日用品者。

第四條

關於下述種種爲其有利於荷蘭領土外之人，或有利於荷蘭領土內之住民，但假手住在荷蘭領土外之人爲之，故所有住民不得執行。

（一）售賣與押當：甲、在國內通用之錢幣；乙、在國內有價值單據；丙、在荷屬境內之國內證券；丁、在國內之各種賬單；戊、其他在國內之各種權益；己、在荷屬境內之動產及不動產。

（二）附署或擔保抑或其他之私人特別擔保等。

（三）凡以上各條例，不適於每天付款不超過一百盾者，或在荷印之動產其價格未超過一百盾者，而此種款項之用途係供給以前非在荷印居留而目前正在荷印居留者。

第五條

（一）並非暫時居留荷印之民衆禁止接收應用典當或出售下列物件：甲、1金，2金幣，3信用劵，4證劵，5帳單，6其他未列入之權益至于上述物件或文件尙在荷印境內者，認爲例外。乙、在荷印境內之動產及不動產。

（二）凡在此間居留而在外國另有住址者，每天欲在此間接受或動用款項最多一百盾者，或欲動用外幣，或外國信用劵或外國帳單，不超過一百盾者，欲動用此間動產而未超過一百盾者，均不適用上列條款。

（三）各籍民衆暫時不許援助無固定住址者，並違犯上述任何一款之禁例。

第六條

暫時禁止輸出：甲、金，乙、錢幣，丙、値錢之票據，丁、證劵，戊、其他契據之充債劵或貨賬者。

本條上述各款不適用於甲、荷印住民之欲離開東印度，其所携帶者未超過五百盾之額者。乙、外僑之欲離東印度，就其所欲1.携帶貨幣或値錢票據總數未超過千盾者；2.旅客重行携出之票據等。（按卽匯票銀行支票等。）

第七條

在未頒布統制外匯新條例之前，授爪哇銀行董事部弛禁之權，依其見解，得以例外通融者執行之。

第八條，

本條例第三條及第六條各款之規定，不適用於該銀行本身所有者，以及其所辦理荷蘭本國政府及荷印政府所有者。

第九條

（一）違犯本條例第三條第四條第五條及第六條各款者，處一年以下徒刑，或五十盾以下罰金。

（二）倘違犯本條例者屬於法人，由其駐在東印度之董事受法律制裁；如無董事在東印度，則由駐東印度之代理人受處分。

（三）依本條第二款之規定，亦適用於充一法人之充另一法人或代理者。

（四）本條例所述一切受處分之行爲，是犯罪行爲。

第十條

（一）本條例在爪哇荷蘭及東印度憲法分別公布立卽發生效力。

（二）本條例亦適用於直接轄區，另設有土人法院之土人。

一九四〇年五月十一日制定　荷印陸軍司令官
荷印經濟部長

按關於東印度政府公佈之臨時統制外匯條例，條文文字艱澀，頗多費解之處，茲爲之解釋如後：

第一條及第二條均係文例，爲各種名稱之解釋，無須再加說明。第三條係暫時禁止使用變賣及典質八種物品，卽（一）金幣與未製成物件之金，（二）外國錢幣硬幣紙幣均包括在內，（三）外國値錢單據包括銀行支票匯票票據等，（四）外國證劵股票及其息摺利票等包括在內，（五）被認爲本地證劵現存於國外者，（六）外人各種單據包括定期存款屆期息摺貨賬等，（七）外人其他權益係指享受墾植權、開發權、專利權及其種種無形之權益，（八）動產之不列入日用品者，卽非日用品之物。第四條係防止此邦現金逃避，不許協助於居住荷蘭領土外之人。在荷印境內居住之人，不得將該條所規定之七款變賣典質，或代爲擔保借款，使住在荷蘭領土外之人獲得利益。又在荷蘭領土外之人，其駐在荷印之代理，亦不得售給之典質之，或代爲擔保。但每日付款不超過百盾，或付給動產之價値不過百盾，供給返荷印之旅客所需者不在此限。第五條係指經過荷印之旅客，禁止接受使用或典質該條各款所指之物。但每日得提取百盾錢幣，或質百盾之物充其所需。此間居民不得協助過客違例作弊。第六條係關於輸出之禁令，金幣金塊錢幣支票匯股票債劵等，均禁止輸出，惟欲離開荷印之人，如係荷印住民，（執有王字及登坡字者均被認爲住民）僅許携帶現金或票據五百盾。如係經過荷印之旅客，僅許携帶現金或票據一千盾。其由國外携來之銀行支票匯票等不在此例。第七條係規定爪哇銀行有權准許外匯等之通融。第九條係所定之刑事處分。第十條係發生效力時日。此係暫行統制外匯條例，將來仍將另有新條例頒佈。

東印度統制外匯條例頒布後，銀行照常營業，進口貨款仍可給價，惟須呈報外匯統制局。個人匯款每月爲荷幣一百盾，後又限制爲五十盾。每一家庭則准携帶二百盾，如欲多帶須請外匯局批准。旅行匯款原由五百盾減至五十盾，後又增至一百五十盾。賑款亦有限制，每月二十五萬盾，後增爲三十萬盾，華僑匯款原定每年二千萬盾，後改爲二千八百萬盾。一九四一年東印度政府乃實行限制奢侈物品輸入政策，其言曰：凡人購物，若欲保持其信譽，則須付該物之代價。不僅私人如此，卽企業或國家亦應如此。在目前情勢下，凡一國或屬地若仍欲保持其有價値之貸方地位，則盡量應設法使其收支平衡。關于此事多半採取外匯步驟。一九四〇年東印度對德參戰後，卽採取各種外匯步驟，因東印度欲在世界任何一角，保持其信譽，此舉非但對其本身極重要，卽對將來復興後之荷蘭亦極重要。苟能如此，則東印度儘可向各國取貨而不受戰事之阻礙，故東印度務須未雨綢繆，庶幾能履行其對美金應負之責任。質言之，卽用其美金收入付款，對于其他貨幣，亦應如此。東印度之美金收入，獲自輸出物產，因東印度輸往各地之物產，係用美金付款。

東印度之美金收入，用以履行其對美金之契約者，雖非完全由輸出物產往美金集團獲得，但大部如此。東印度此種進出口情形，至今仍極佳，故東印度非但能照舊向美金集團國家採貨，且能藉多餘之輸出，採辦國防工具，但現在之情形，使東印度在此方面所實行之政策應特別謹慎，因東印度一方面須盡量保存外匯，以提高國防力，並援助復興後之荷蘭，另一方面則須預防輸出之減少。

限制輸入之理由　東印度輸出情形良佳，蓋因自一九三九年以來，各國忙于囤積貨物之故。但無人能知，各國囤貨至何時為止，故東印度目前之輸出情形，將保持至何時，現尚未知。此外尚有一問題，即船位是也。因船位缺少，故貨物輸出日趨困難。此亦使人不能決定東印度輸出情形是否能保持現有狀態之主因。在此場合下，由現在起應盡量保存外匯，其法則為限制輸入。在輸入方面言，東印度可謂尚未受戰事之絕大影響，而當局在外匯方面所採之各種步驟，人民亦未受多大影響。但戰事愈延長，則情形必逐漸改變，故東印度應設法適應此種戰時環境。現在時機已至，對于輸入貨品應限定最重要者，至于不重要者，必須放棄。居民如有不能預知其收入是否足供維持其原來生活程度者，務須盡量節約，過簡單之生活。例如衣物，務須擇耐久者，華麗與否，無須計較。又如住宅，務須盡可能擇較小者。汽車如不十分需要，不妨售出。苟能如此，則情勢突變時，不致手忙脚亂，亦不致為債務所累。此點對于私人極重要，而對于在祖國財政上負有重責之東印度，尤為重要。故全東印度由現在起，卽須節約其法爲停止再由外國輸入過于奢侈，以及東印度本身亦能製造之物品。

不但被戰爭直接波及之國家，卽東印度四周各地亦實行輸入限制。海峽殖民地英屬印度及澳洲。對于在生活上不需要之物品，或自己能出產者，或可用自己出產之他種物品代替者早已採取此種步驟。不但對于由美金集團國輸入之物品，卽對于由英磅集團國輸入者亦加以限制或準備限制。東印度現亦採取同樣步驟，政府當局決定由一九四一年五月起。對于充採辦貨物用之外匯之發給，決加緊限制。此種限制，不僅適用于美金，亦適用于英鎊。今後不必要時，決不供給外匯。此種外匯步驟之結果現在僅能看出一點。當局實行此種步驟時，將採取與實行其他緊急步驟時相似之辦法，卽令負責機關使此種步驟能逐漸適合環境，切勿以爲五月以後之生活，將突然改變。東印度存貨可謂相當多。外驟之分配，亦將維持原狀。再者由訂貨時起以迄運來時，需時六個月至八個月，故在最初六個月至八個月間，貨物進口仍不受阻碍。在此期中，擔保能逐漸適應此種步驟，消費者必漸能明瞭某種貨物不易購得，因此改用他種物品，或暫時不用受限制之物品。茲將受限制之物品約略解釋如下：

餅干輸入，僅能與負責機關接洽，使用金鎊。本地餅干工業已能應付大部消費。將來其銷路必能增加。

關于牛油，僅能用金鎊購買。此辦法早已實行，對于消費階級並無影響。因此間牛油完全由澳洲輸入，凍結牛油則不給予外匯。

可可粉及朱古律粉亦適用此種辦法，但將有少許困難，因此種物品東印度亦能自製。

關于過于奢侈之食品，例如草菰、地下菌、蘆筍、薊類等，不給予外匯。東印度出產極佳之草菰與薊，此或非人人所知者。

朱古律餅及朱古律糖亦然。東印度已有此種工業，輸入停頓時，儘可替補。

對于精製麥片，仍可供給金鎊外匯，其他外匯亦可供給，但有限制。

牛酪一項，可供給金鎊外匯。此辦法無困難，因實際上東印度牛酪完全由金鎊集團國輸入。

牛乳可供給金鎊外匯，亦可供給其他外匯，但有限制。對于牛乳製品之輸入，例如乳汁與乳糖，將供給必要之外匯。

龍蝦將由食品中絕跡，牡蠣亦然，因甲殼動物將不許再輸入。

鮮魚、凍魚、薰魚、蒸魚亦將如此，故東印度暫時無淡乾魚、薰鰻魚、薰鮭魚、薰青花魚、鹽浸非魚等。

罐頭沙甸魚僅許價廉者輸入，因其為主要民食之一。價昂者不能輸入。腌鱷、鯊魚翅，不久亦將變為不可獲得之食品。

火腿僅可由金鎊集團國輸入。

燕窩雖為奢侈食品，但嗜此物者仍可獲得，因東印度亦有出產，惟不許由外國輸入。

關于鮮果，葡萄及柑可由金鎊集團國輸入。蘋果則除由上述國家外，亦可向他國採辦但有限制。鑒于東印度盛產鮮果，故此辦法不致引起困難。

水果可由金鎊國家輸入。糖浸果品將絕跡。糖浸果皮亦然。

燒酒不能輸入。哥納酒仁酒及威士忌僅可由金鎊集團國輸入，美酒、糖酒、蒸餾飲料，及燒酒中之果品，不再供給外匯。葡萄酒與櫻汁酒僅可由金鎊國家輸入。

呂宋煙及煙支，僅可獲得有限之外匯，故人民須儘量採用本地出品。

磨過之鑽石輸入不可能。至于未磨過之鑽石如用金鎊付款則仍可能。在婆羅洲已設有鑽石工廠，故對于此種物品，勿慮共將缺少。

火柴保留原狀，居民對此，並未感覺不便。

柯能花露水、漱口水及類此之化粧品以及頭髮油、染髮油、洗髮水等，不准再輸入。

香料製品，香油及美容品亦然。但爲免引起絕大困難起見，有兩種香料製品，仍可由金鎊國家輸入。

牙膏面粉及肥皂可輸入，但有限制。一般切勿焦慮，因東印度已能出產大量牙膏，欲再擴充，亦易于辦到。在絕對必要時，且可藉輸入以補充。

水晶及水晶品不能再獲外匯。單純之玻璃，在必要時，仍可輸入。

華麗之器皿及其配件，盛油皿、盛醋皿、果品皿、化粧桌上各種用品均不許輸入；但樸素者仍可輸入。

價昂之外國鞋，不准再輸入。本地之製鞋工業，儘能供給。皮袋、婦女用皮袋、皮匣等，僅可由金鎊國輸入。

長襪及短襪仍可獲金鎊外匯，其他外匯亦可但有限制。女人用絲襪所得之外匯，將較過去更少。

對于壁紙，不再供給外匯。美麗信紙亦然。辦事處用簿、圖畫簿、寫字簿及學生練習簿，亦皆不能再得外匯，但無須恐慌，因本地工廠可供給。

紙牌可得有限之外匯。

用貴重金屬品製成之華麗墨水壺、金自來水筆、銀自來水筆、均停止輸入。辦事處及學校用之普通墨水壺與自來水筆，非用貴重金屬品製成者，仍可由金鎊國家輸入。當局亦能供給其他外匯，但有限制。

銀製食器如匙、叉、刀等不准再輸入。銀製器皿亦然。

鋁製厨房用器，前已不許輸入，因盟邦需鋁以製飛機，較東印度更爲迫切。

混合銀製食器，如匙叉等，可得金鎊外匯；其他外匯亦可，但有限制。

載人汽車可繼續輸入，但限定其最高價值，故過于昂貴者將絕跡。此辦法亦適用于載貨汽車及機器脚車。

縫衣車可由金鎊國家輸入；輸入他種外匯亦可供給，但有限制。

無線電收音機輸入金鎊國家有優先權；其他亦可輸入，但加以限制。

牙刷、剃鬚毛刷、家用毛刷、梳子其他化粧用器，以及厨房用毛刷等亦適用上項辦法。

刮火機不能再輸入本地有製造，惟較粗而已。

留聲機與唱片，仍可由金鎊國家輸入；亦可由其他國家輸入，但有限制。至于音樂箱、管絃樂器、旋轉風琴、電力鋼琴、自動鋼琴及類似之樂器，則不准輸入。

照相機須經當局考慮，可供給外匯後，始准輸入。此辦法亦通用于照相用品。此兩種物品，輸入均大受限制。

華麗之燈、客廳用燈、燈架以及裝飾用燈，不能輸入。

金錶、白金錶、裝飾用鐘、立鐘、寫字台及旅行用小鐘，以及其他裝飾或華麗之鐘錶，不得再輸入，其他鐘錶，仍可輸入，惟須先經考慮。銀錶、鎳錶、與鋼錶仍可輸入。

嗜好射獵之人，今後無風槍與來福槍可用。爲促進體育起見，運動用品之輸入不受限制。對于喜事場及娛樂用器不再供給外匯。

圖畫之類，須經考慮後，始許輸入。塑像、花瓶、花架、壁盤、以及其他類此之裝飾品，如非用貴重金屬品製成者，仍可得金鎊外匯。

玩具輸入，仍可在限制下獲得外匯，但華麗玩具及機械玩具，則不能獲得外匯。

洗擦用品，僅可由金鎊國家輸入。

縫衣線照舊。繡花用線及其他手工用線可由金鎊國家輸入；亦可呈請其他外匯，但有限制。

鋪地板用布料，雜役及守門員制服用布料，窗幕布料，睡榻用布料，以及油布等可由金鎊國家輸入；亦可得其他外匯，但有限制。

本地工業能供給洗濯用肥皂及化粧用肥皂，故大體言之，僅必需之醫藥用肥皂可輸入，奢侈之化粧肥皂則不許輸入。

陶磁器僅普通者可輸入，至于華麗者，則不能供給外匯。機器廠出品，僅普通者可領得外匯，華麗者不許。

關于成衣輸入，一切不必要之華麗成衣概須禁絕，但絕對必要時，亦可斟酌情形，供給外匯。例如婦人外衣，即可輸入者，但價最貴以七盾或八盾為限。質言之，即用絲及人造絲製成之外衣，不許輸入。

布疋：關于棉布，僅樸素者可輸入；過于奢侈者不許。絲類布料，大體言之，不供給外匯。

棉紗製成之手巾可以輸入。絲，半絲，或人造絲成之手巾，則不供給外匯。

居間商之救濟　由以上各項物品觀之，可知上述步驟實行後，受打擊最重要者為居間商。為盡量避免居間商所受之打擊起見，將在吧城泗水蔴川與棉蘭組織委員會，其任務為站在政府當局與受影響各方面之間，調整一切。受打擊者除居間商外，尚有大小輸入商。但大輸入商所受之影響，如與其營業相較，實無共意義。將組織之委員會，擬包括輸入商代表一人，此外即為商業及工業代表。希望此種委員會能成為政府當局與受影響各方面間之橋樑。凡恐當局之步驟將使彼等之營業受打擊之人，可向該委員會申訴，該委員會可代爲指示一切，使彼等所受之打擊，減至最低限度，而最重要者，即盡量改售當地出品。此種外匯步驟引起之劣影響，自不能完全免除，但經該委員會努力後，相信可減至最低限度。各地之委員會，其工作範圍，並非限于其駐在地，例如在泗水者，其工作範圍及于全東爪哇與錫江；在蘢川者，及于全中爪哇；在吧城者，及于西爪哇與巨港，在棉蘭者，亦須兼顧把東商人之利益。此種外匯步驟實行後，將有何種結果，現尚未悉，但料其將在經濟生活上產生重大影響。雖然如此，相信不致引起極大震動。東印度爲交戰國，但生活程度仍極高，故尙能大擧節約。爲東印度及荷蘭之利益起見，實應如此。

東印度政府既採統制外匯政策，其與國際貿易之關係何如？一九四一年經國民會議中國議員簡福輝之質問，遂作下列之解釋曰：現在與東印度有商業來往之非金鎊國家，最主要者爲美國、日本、加拿大與南美洲各國。

東印度與美洲國之貿易關係，基于一九三五年之美荷通商條約。支配此種貿易關係者有兩方面：一方面爲美國採辦大量原料，尤其爲橡皮與錫，其中大部係供貯存之用。另一方面則爲東印度採辦必需品，此種物品，在歐戰爆發前，係向歐洲採辦者。此種局面使商業來往之範圍大加擴充。至于東印度對美貿易關係，將來如何開展，須視美國貯藏原料至何程度及幾久而定；而東印度取得之美金外匯將如何使用，亦繫于此。

對日貿易因歐戰關係，亦增加頗多。往時東印度由荷蘭或歐洲他國家輸入之物品，現在改由日本供給；而日本所需之某數種原料，亦改向東印度採辦。

加拿大與香港紐芬蘭相似，同爲英屬地，但不屬于英鎊區，故自一九四〇年下半年起，凡由非英屬地輸入之物品，須繳百分之十戰時外匯稅。此情形對東印度輸出不利，當局已設法減少此種障礙，但因美國輸往該處之貨物，亦適用此種辦法，故當局之努力能否有圓滿之結果，不能預知。惟目前東印度與加拿大間之貿易，尚無顯著之變化。

東印度與南美洲之貿易，因南美各國之外匯情形有困難，故頗受影響。南美各國失却重要之歐洲市場，一如東印度，然故須藉對英輸出，以攫取外匯，庶幾能由英鎊國家輸入必需品。在東印度方面言，吾人因此不能使用美金，但東印度由南美輸入之物品不多，當局已多方設法，謀藉通商條約，盡量維持貿易。在數方面，此種努力已有結果。

對其他非金鎊國家之貿易關係，大部繫于雙方在匯外情形上所需之條件。在東印度方面，務須考慮，庶幾須用美金外匯採辦物品時，有充足之外匯可用。有一點極重要者，即東印度各大洋行在全世界設有分店，或駐有代表，自戰事發生後，各洋行于必要時，即在東印度採辦物品之國家擴充其分店或代表，因此之故，在政府指導機關極力協助下，彼等可能利用目前之機會，並解決一切新問題。

商業專員之設，亦極重要。爲獲取並保留外匯，以供東印度軍事及民政當局之需，及供將來荷蘭復興後建設之需要起見，當局于外匯統制條例實施後，卽努力節約用以獲取舶來品之外匯。其方法爲限制向外國採辦非必需品。至其實施，則由鬆而緊。

爲明瞭一九四〇年底爪哇銀行與橫濱正金銀行互訂之金融協定起見，首先須知東印度與外國間之付款，分爲二種：一種係以英鎊匯價爲根據，另一種則以美金匯價爲根據。日本屬于美金國家，因東印度對該國之付款，以美金爲交換貨幣。日本之貨幣與美金有固定之比價。東印度所需之日元，用以償還輸入貨款者，係藉售美金與日本而獲得。至于東印度輸日物產，在此間須用荷盾付款。日本之獲取荷盾，係藉售美金與東印度。此種辦法，係外匯統制局與橫濱正金銀行東印度分行口頭所商定者。但自日本頒布新外匯統制條例後，此辦法顯然不能令人絕對滿意，故在新訂之金融協定中規定，關于東印度與日本間之付款事宜，由爪哇銀行與橫濱正金銀行辦理。自後爪哇銀行開與橫濱正金銀行之賬，須用日元；而橫濱正金銀行開與爪哇銀行之賬，則用荷盾。東印度外匯統制局並規定，由一九四一年一月一日起，東印度與日本間之一切貿易，以及一切金融上之來往，須用日元付款。但勿以爲東印度輸出商如在貨單上所開之貨價係用日元計算，則收到之款亦爲日元。依外匯統制條例，所得之外匯須歸外匯基金會。在一方面，輸出商由其銀行獲得之款，用以清償用日元計算之賬者，爲荷盾；在另一方面，輸入商繳付其銀行之款，用以清償用日元計算之債者，亦爲荷盾。所有賬目，最後由上述兩家銀行清理之。該兩家銀行結賬時，如收支能相抵，固然甚好，若不能相抵，則應由兩家銀行設法抵銷。例如存結有利于日方時，東印度即爲借方。在此情形下，橫濱正金銀行得再購美金，以至相抵時爲止。如有利于荷方時，則東印度爲貸方，有權多購美金。新協定在原則上並未改變往時之情形，僅借方與貸方之賬目，不能完全用美金計算而已。此外對于荷盾、英鎊與美金之關係，亦稍有改變。美金乃爲荷盾對日元匯價之基礎，如此中有變動，則應在短期間修改協定，使其適合情形，或廢除之。

外匯之取得，在東印度現行政策下，事頗不易。一九四〇年東印度外匯統制局曾頒布輸入商條例，凡輸入商須向經濟部輸入局申請外匯執照，方得匯交外國貨款。九月復頒布輸入商代理商規則草案，其辦法較前更爲嚴密。凡輸入商須先請得外匯執照，而後輸入貨物，方合手續。請得外匯執照後，須再辦理請換外匯准字之手續，始可匯款。茲將其原文列後：

輸入商及代理商條例中第九第十第十一及第十五條業已取消，而代以左列辦法。成立交易之前，必須申請外匯執照。

（一）輸入商向外國購貨成立交易之前，必須向吧城經濟部輸入局請執照。請求時須塡附第三十五號表格三張。

（二）下列之貨物，必須分別請求：甲、現購貨物。乙、代售貨物。丙、資本貨物。此外對于上列貨物，屬于下列情形者，亦須分別申請。、甲自由進口之貨物。乙、限制進口之貨物。資本貨物之意義，係將進口貨物之價值作爲在東印度之投資。

（三）申請時須于該表正面中央第一欄內，說明所請求外匯之幣別及數目。同一表內可塡數種外匯。凡屬限制進口之貨物，所請求者不得超過輸入准字之額數。

（四）如請求照准時，輸入局在申請書上批准，將第一二張塡寫批准之數目幣別及號數後，寄還申請人。執有此執照者，得依執照之外匯數目在所定期限之內，向外國締結購買及接受貨物之合同。如未得外匯執照與外國締結採貨合同，將來輸入商申請外匯准字有被拒絕之虞。

（五）申請人在該執照之有效期內，必須將向外國所採辦之貨物，詳塡于兩張執照之背面，呈報輸入局。在表格正面中央第二欄塡寫交易總額。又中央第四欄分塡每期所需用之外匯。如買價須于日後方能確定，呈報時亦須寫其大約數目。愈準確愈好。締結合同時，須注意購買某種貨物，使用某種外匯。輸入局得要求商人繳閱必需之文件，以資證明。

（六）執照期限爲兩個月。期滿時須立卽寄還輸入局。如不寄回，發給新執照時，將受影響。執照滿期一個月之前，可再請求新執照，如執照不敷應用，亦可補請。

（七）申請人所呈報向外國採貨成立交易之合同，經審查確實，輸入局依請求之額數發給外匯准字，而取消執照。如屬代理之貨物，則發給一張無價値之暫時外匯准字，俟該貨物清算後，換取正式准字。如在執照有效期內需用外匯執照數目中之一部份，可將合同中之數目呈報請求發給外匯准字，並請將外匯執照寄還。

（八）外匯准字不得讓與他人。執有准字之人，有權于期限之內由一銀行償付業已報告成立交易所需之外匯，或在該外匯准字有效期內締結定期合約，以購買外匯。如係資本貨物時，所發出者爲無定價之外匯准字。外匯准字除用于償付已指定之貨物合約外，不得充作其他用途。違此規定者，決不予發准字。

（九）外匯准字有效期間爲六個月，自發給之日算起。在此期間內，各種合約必需辦理完畢。代售貨物必須結算。資本貨物，亦應完全進口。如超過期限，除得特別准字准許將來清算外，不能擔保各種外匯之繼續有效。業已到期或已用盡之外匯准字，必須立卽寄還輸入局。如疎忽時，則新准字之發給，必受阻礙。

（十）貨物進口時，必須依照海關定章在進口單上書寫外匯准字之號數。現購貨物，代售貨物，及資本貨物之准字各自區別。如海關准字許用口頭報告，則以上所開者須呈報海關。如向海關作不誠實之報告，或在報關單上呈不實在之數目，則該進口商有被懲罰及拒絕發給執照或准字之虞。

（十一）海關有所需要時，進口商須繳各種證據，以資證明。

（十二）如不欲依照上列規則而行者，必須獲得輸入局之特別准許。

(十三)上列規則于一九四〇年十一月一日實施。

(過渡規則)關于進口之貨物如係于一九四〇年十一月一日以前成立交易，已將第三十二號塡報輸入局而代售貨物業已於是日之前輸入東印度者，須依下列過渡規則辦理之。甲、貨物業已進口，惟外匯尙未獲得應用外匯，必須具有外匯准字。如仍未獲得，可依舊塡第三十四號表格申請外匯准字，並附海關之進口單據。乙、貨物未進口外匯亦未獲准塡第三十五號表格申請外匯准字時，外面須詳細書明理由。丙、貨物未進口外匯業已獲得，爲此業已發出一張外匯准字，進口時于進口單上寫明便可。

(七)　戰時經濟政策

一九三三年至一九三九年中，東印度政府對于經濟恐慌，曾盡最大之努力。第二次世界大戰發生後，東印度經濟實有加緊之必要，乃採戰時經濟政策。一九四〇年總督有權以決定保護各種經濟，故戒嚴令隨卽施行于全國。及荷蘭被德國侵佔後，東印度卽沒收德國船隻二十艘。蓋斯時英荷經濟聯繫已告成功，惟農業輸出更受限制。一九四一年夏，日本與印度之航業亦告停止，但英國與東印度之貿易突然增加。其他國家貿易除英國外，均以美金計算，因美國儲備大宗軍需工業資源，故與美國之貿易亦大增加。一九四一年運至美國之橡皮，卽佔全部百分之六十，因之外國貨品卽告漲價，而人民之生活水準降低。斯時東印度之財政情形尙佳，政府對于香烟、咖啡兩稅，極力維持其高度，並大量購入此二種貨品以維持市價，不使商民操縱；並將戰時軍需原料如橡皮石油等稅提高以補他貨稅收之損失。

（八） 日寇佔領後之搜括政策

一九四二年日寇佔領東印度後，遂實行其搜括政策。觀敵酋松田莊一宣佈其所謂南方建設方針，爲獲得資源及確保作戰軍隊之現地自給卽可知之。其後又召集所謂南方物資會議，以搜括東印度及其他南洋各地之物資。其內容爲各地重要物資之開發，各地間物資之交流，及南方與日本間物資之交流。日寇既欲搜括南洋資源，遂由三井、三菱兩洋行創設南方開發金庫，以爲其搜括總機關，而台灣拓殖公司，東亞拓殖公司亦爲之垂涎。同時並成立南方開發銀行，任佐佐木爲總裁，以奪取東印度之石油及各地之錫、煤、鐵、金、銀、錳、銅、鎢、鋁、鋅、鐵礬土等礦產。

一九四三年日寇進一步爲掠奪東印度之資源，以應付戰爭計，特製定南方產業建設五年計劃，以謀轉換東印度之生產力。例如咖啡、茶、蔗糖之生產，除必要自給量外，並改種稻、棉花、西沙爾麻及其他纖維之生產。各地工業化所仰賴日本運往之材料，亦盡量使之就地生產。繼謀鐵礬土、水泥、及其他化學品之大量生產。是年在日寇指揮下之爪哇中央參議院首次會議通過成立勞働機關，以提供大量之勞働力，以强化戰時生產及增强戰時物資之生產。

一九四四年日寇又召集南方軍政地域産業部長會議，以增强工業生産力及强化食糧自給自足爲中心之全般産業，以完成南方工業五年計劃及纖維工業五年計劃及軍需工業計劃。其後又在新嘉坡召集南方纖維工業會議，以南方纖維工業計劃爲基礎來完成手工紡織機及動力紡織機之製造與運營，及養成紡織女工與提高勞働力。

爪哇爲産米最豐富之區，日寇又强迫推行增産運動，以求自給自足。一九四四年乃計劃開闢爪哇水田十萬公頃，旱田六萬公頃，又在巴利龍目及南部西里伯斯之主要産米地積極增産，復在北部西里伯斯及婆羅洲等地從事完成增産之目的，以應戰時之需。

至其蔗糖業，日寇以泗水爪哇糖業聯合會來實施其生産計劃，而其販賣或輸出機關，則歸日寇軍政監部之生産部所設立之爪哇蔗糖販賣公司。規定每年七月至十月爲製糖之準備；並鑑于蔗糖可爲酒精製造原料，于是大部分農作物之種植，被甘蔗代替，米糧之缺乏，引起饑饉之産生，人民由糖中感到最大之苦味。同時爪哇之規納業及東印度之胡椒業，遂亦被迫相繼復業。

爪哇之橡皮生産，年在十三萬噸，有八萬人依賴其生活。日寇乃設立橡皮收買公司，以極低廉之價格，收買爪哇、蘇門答臘、婆羅洲及馬來亞之橡皮，以統制其供求。但南洋所産之橡皮，可供給世界市場百分之九十以上之用，而日寇僅消納其生產百分之六，僅越南、泰國兩地七萬噸之產量，已足敷其應用，故橡皮遂成過剩之物。日寇乃以生橡皮製造帆船，以之載運物資回國，然後拆爲軍需工業之原料；又以之建築公路及機場跑道，以代替地瀝青及水泥之用。日寇現正計劃建築一萬公里之橡皮公路，因之日寇在東印度及馬來亞不得不暫時停止橡皮生產，致使南洋依賴橡皮爲生之一百餘萬人已落于失業之陷井。

日寇需要棉花，故在蘇門答臘、爪哇、菲律賓等地廣植棉田，以求彌補日本國內纖維之不足。但南洋之土質與氣候，爲棉花生產之大障礙，因之嚴重之害蟲蝕去日寇棉花收穫之幻夢。一九四三年日寇在東印度棉花生產之五年計劃，將使爪哇棉花成爲自給自足，而不依賴于進口輸入。其第一步計劃已在爪哇種植五萬英畝之棉花，其後又增闢至十七萬英畝，並希望該年生產收穫可較上年增多一倍，但若干久住東印度之荷人專家則稱其爲夢想。按東印度由純棉花製成之棉紗與棉織品之進口總額，年在一萬萬六千五百萬磅，此種種棉區域須有一百二十五萬英畝，若以每人每年需六磅至九磅棉花之消費量計算，則爪哇應能生產三萬萬磅至三萬萬五千磅之棉花。世界每人每年平均消費之棉花爲六磅，但在美國則在二十五磅以上。日寇又以爪哇之西沙爾麻生產甚豐，決定以麻袋爲自給自足目標，以填補印度麻袋來源之斷絕，遂從事西沙爾麻之五年增產計劃。又組織所謂爪哇企業報國會，使人民墮入其術中。其目的在使戰時物資之增產，澈底實行計劃生產及網羅全爪哇之企業，使實踐適應軍需之企業。復在蘇門答臘採取重點主義，先謀復員蓋棉蘭之澈底破壞巨港油廠之炸毁，以及不拉灣海港打撈沉沒之船隻，皆使日寇最感頭痛之事。

日寇爲滿足其搜括慾望起見，一九四二年沒收歐人在南洋八十萬萬日元之投資，以充戰費。一九四三年會計年度中更希望南洋在軍事預算中貢獻三十三萬萬日元，由南方開發銀行貸出。一九四四年日寇軍政監部又侵佔爪哇歐人之企業農園，如橡皮園、規納園、咖啡園及茶園，總共一千餘所，積極使此項企業農園化爲戰力。

至于商業上，各商店最初雖奉命繼續營業，終因貨物被掠奪，店員被拘禁，不得不停業。而各輸出入公司，以倉庫悉被日軍儘量掠奪，致多數工廠因無法取得款項，付發工資，亦被迫停業。一九四四年日寇更獨佔東印度物資輸出入，統由三井、三菱、野村三洋行包辦：三井經營米業，三菱經營烟業、橡皮業及錫業，野村經營茶與咖啡業。至于石油業則概歸軍政監部管理與掠奪，以其爲軍需物資云。

至于金融上，一九四二年東印度淪陷後，除日本之台灣銀行、正金銀行、華南銀行得繼續營業外，其餘各國之銀行均被迫停業。一九四三年日寇又强迫爪哇銀行，荷蘭貿易公司，安達銀行，公篤銀行及其他中英美各國銀行，委託台灣銀行負責辦理清算，並付還存款百分之十，而郵政儲金局亦在清理之中。故該時東印度之金融業，已爲日寇魔手所籠罩。

第二節 國際貿易

第一項 四十年來東印度國際貿易之演進

（一）貿易趨勢

東印度羣島得天獨厚。蘊藏之富，地利之饒，面積之廣，人烟之衆，擧南洋各國，莫之與京。一八八六年實行門戶開放政策後，遂造成爲一新興產業國家，而其國際貿易亦隨產業之進步而逐年增加不已。十九世紀之末年，貿易總額已達四萬萬盾。二十世紀開始後，遂扶搖直上。第一次世界大戰發生之前一年，卽增至十萬萬盾，較之一九〇〇年已增加一倍半。大戰時，對于東印度貿易發生重大變化。因與荷蘭母國交通斷絕及海運困難，故由歐洲方面輸入減少，而亞洲方面輸入則增加。輸出方面因協約國需要東印度之資源甚殷，巴達維亞遂代替阿姆斯特丹而成爲重要之市場。戰事告終後，東印度經濟至爲繁榮，一九一九年貿易總額一躍而至二十九萬萬盾，一九二〇年更爲東印度國際貿易有史以來最盛之一年，已達三十五萬萬盾之最高峯，非第前無此紀錄，而往後亦未之見。蓋爲戰後物資需要之殷及物價昂貴所致耳。一九二一年後，東印度好景已隨時代之過去而告消滅。因一九二〇年末世界恐慌驟起，物價崩潰，一九二一年之輸出貿易，遂自一九二〇年之二十二萬萬盾，減至十二萬萬盾，僅爲上年之半數。一九二二年後，益趨下落。此後十年中，東印度國際貿易總額，常在二十餘萬萬盾之間。此種情形，在今日視之，則尚稱發達，以其各種獨佔生產事業在世界頗易于銷售也。一九三〇年世界遭受不景氣之襲擊後，更予東印度以重大打擊。局勢日趨嚴重，原料品之價格與輸入品之價格極不平衡，影響所及，初則栽種之需要減少，繼則購買力減低，以前之蔗園乃改變成米穀之耕地。經濟不景氣之初，輸入先退步，繼則輸出減少。一九三一年輸出之數量退步至極點。一九三三年時貿易總額僅及一九二六年三分之一，不及一九二〇年四分之一，已回復一九一〇年之狀況矣。一九三四年輸入方面則退步至最低點，糖價及其他土產亦極不穩定，而紗線繩布之價與量亦均下跌。因糖業之需要減少，同時日貨輸入則漸增加，但價格却依然下跌。印度尼西亞人相繼自行耕種，外米輸入亦因此而減少。外貨之機器鋼鐵製品與紡織業有莫大關係。紡織消費減少，則機器鋼鐵製品亦隨之下跌。化學品與肥料，依然因糖業需要減少而繼續價格下跌。百物價格既經下跌，國民之消費因而增加，其生活亦較前舒適。此足以表示本國必需品價格低廉，而外國廉價之物品在經濟恐慌期中亦增加輸入。故政府惟有使輸出增加，以補其不足，及維持國際市場，使輸出有銷路，因而國家歲出亦不得不加緊縮。一九三五年貿易總額更低至七萬萬盾。然在十年前，東印度貿易總額，曾佔世界貿易總額百分之一・七三。一九三五年乃降至百分之一・二七，幾已減少三分之一。一九三六年時，各國咸知第二次世界大戰即將來臨，因之競相儲購軍需工業原料及其他所需，于是東印度貿易有回復良好之趨勢。一九三七年後之數年中，貿易總額均年在十餘萬萬盾。第二次大戰之發生與一九四〇年荷蘭之敗亡，關係東印度貿易至大交通阻礙，英國封鎖德意等國皆爲使東印度輸入減少原因。一九四〇年地中海被德國佔領後，東印度貿易更遭受莫大之影響。是年國際貿易量雖減，然輸入反增，就中軍火較多，于此可想見其他輸入之必然減少。若以百分比而論，即在一九二五年至一九二九年期間，較諸一九一〇年至一九一四年期間增加甚多。輸入品增加百分之一百四十五，輸出品增加百分之二百零一。此後若干不景氣年代中，即遭劇烈之減低。在一九三五年中輸入品降低至百分之二十六，而輸出品則降低至百分之十六，已低于一九一〇年至一九一四年之水準。一九三六年漸趨好轉。一九三七年輸入品高于一九一〇年至一九一四年水準百分之三十一，輸出品則高于一九一〇年至一九一四年百分之七十九。一九三八年及一九三九年輸入品與輸出品均下降，但後者尤甚于前者。一九四〇年輸出雖增加，但輸入則減少。此三年中輸入較一九一〇年至一九一四年之水準增加百分之一百三十，輸出則增加百分之一百五十四。茲將四十年來東印度國際貿易之消長列如下表：（單位千盾）

年別	輸出	輸入	總共	出超
一九〇〇	二三〇、三〇〇	一七六、〇〇〇	四〇六、五〇〇	五四、三〇〇
一九〇五	二九一、一〇〇	一九六、二〇〇	四八七、三〇〇	九四、九〇〇
一九一〇	四一二、七〇〇	三一五、一〇〇	七二七、八〇〇	九七、六〇〇

一九一三	六一四、二〇三	四三六、六八三	一、〇五〇、八八六	一七七、五二〇
一九一五	七五八、二〇〇	三七二、四〇〇	一、一三〇、六〇〇	三八五、八〇〇
一九一八	六七九、八四四	五六七、八〇四	一、二四七、六四八	一一二、〇四〇
一九一九	二、一六七、四七一	七九三、二三三	二、九六〇、七〇四	一、三七四、二三八
一九二〇	二、二三八、八六八	一、三一〇、八二五	三、五四九、六九三	九二八、〇四三
一九二一	一、一九五、九〇九	一、二四四、四〇九	二、四四〇、三一八	入超四八、五〇〇
一九二二	一、一四八、八九五	七八二、七八二	一、九三一、六七七	三六六、一一五
一九二三	一、三七八、一四〇	六五三、六三九	二、〇三九、八一九	七三六、五五七
一九二四	一、五五七、三〇八	七〇三、三八六	二、二六〇、六九四	八五三、九二二
一九二五	一、八一三、三四八	八六二、五八五	二、六七五、九三二	九五〇、七六四
一九二六	一、五九八、六五六	九二三、九八九	二、五二二、六四五	六七四、六六七
一九二七	一、六五六、二一九	九二七、〇八四	二、五八三、三〇三	七二九、一三五
一九二八	一、五八九、八九一	一、〇三〇、二一七	二、六二〇、〇九八	五五九、六六四
一九二九	一、四八七、八〇一	一、一六五、九七三	二、六五三、七七四	三二一、八二八

一九三〇	一、一六七、〇四〇	八八九、三五五	二、〇五六、三九五	二七七、六八五
一九三一	七六三、五六九	五九五、〇六〇	一、三五八、六二九	一六八、五〇九
一九三二	五五一、七四五	三九三、六七三	九四五、二三三	一五八、二五七
一九三三	四七四、七〇六	三二九、六七二	八〇四、三七八	一四五、〇三四
一九三四	四九三、四七四	二九一、二八四	七八四、七五八	二〇二、一九〇
一九三五	四五二、五二一	二七七、八三二	七三〇、三五三	一七四、六八九
一九三六	六三〇、七三九	二八七、三六七	九一八、一〇六	三四三、三七二
一九三七	一、〇一二、二三一	五一五、九六一	一、五二八、一九二	四九六、二七〇
一九三八	七一四、三二三	四九七、三八五	一、二一一、七〇八	二一六、九三八
一九三九	七八七、〇七九	五二九、八六八	一、三一六、九四七	二五七、二一一
一九四〇	八七三、六〇〇	四四五、三〇〇	一、三一八、九〇〇	四二八、三〇〇

（二）貿易出超

貿易出超，為世界各殖民地之共同現象，帝國主義之需要殖民地者以此，否則一般侵略國家何貴乎爭奪殖民地東印度近四十年來無歲不在出超中。僅一九二一年入超四千八百萬盾。是年入超之原因，以土產價格下跌，輸出價值較上年減少一半，又因上年人民獲利甚厚，購買力强，故輸入並未減少。然其出超額在最初之十年中每年不及一萬萬盾，出超最盛之一年，爲一九一九年，已達十三萬萬盾。此後至經濟恐慌之時期中，出超常在數萬萬盾不等。一九三一年至一九三五年間，雖在世界經濟極度恐慌中，每年亦有一萬萬餘萬盾之出超。一九三七年景氣回復後，出超已增至五萬萬盾。一九四〇年仍保持四萬萬盾之數。總共四十年來，東印度之出超，實達一百萬萬盾之鉅數。東印度既有此鉅額之收入，以常情而論，則其國民經濟當甚富裕，而其結果適得其反。印度尼西亞人依然貧窮，仍舊過非人生活。其所以如此者，以東印度之大企業，均操之于白人手中，印度尼西亞人僅爲其勞力耳。故東印度出超之利益，並非歸諸東印度人民所得，顯然爲白人所得。印度尼西亞人所得者，僅爲其所剩餘之渣滓耳。近百年來東印度解于荷蘭之款，達三百萬萬盾，而匯往英、美、德、日諸國家之利益又達百萬萬盾，若將養活東印度之二十萬白人之奢侈生活計算在內，又達四百萬萬盾。總計百年來白人在東印度搾取之利益共達八百萬萬盾，故印度尼西亞人甚爲不平。年來東印度復國運動之勃興，以及驅逐荷人離境之呼聲與日俱增，則戰後東印度政治之解放與經濟之解放，乃盟國必須研究之事也。

第二項　東印度各種輸出品之分析

（一）蔗糖之輸出

東印度重要輸出品多爲農礦產品，如橡皮、石油、蔗糖、椰干、錫、烟草、茶、咖啡等，是佔總輸出百分之八十五以上。在昔本以蔗糖爲輸出之首位，一九二〇年曾突破十萬萬盾輸出之最高紀錄，一九二一年雖減爲四萬萬盾，仍佔首位。一九二二年石油輸出增加，一度佔輸出首位，蔗糖退爲第二位。一九二三及一九二四年輸出價值約五萬萬盾，仍回復第一位。一九二六年後第一位爲橡皮所奪去。一九二八年又回復第一位。一九三二年世界物價低落後，爪哇糖業遂一蹶不起，與一九三三年同居第二位。一九三四年降爲第四位。一九三五年更低至第五位。一九三九年回復第三位。第二次世界大戰爆發後，輸出品發生變動，國際貿易可分爲强弱二種。戰爭用品屬于强性，而糖、咖啡、椰干則屬于軟性。軟性物產于爪哇東中兩省，硬性物產于西爪哇省。一九四〇年蔗糖佔輸出貿易之第四位，故今日爪哇糖在東印度經濟上已不如橡皮石油地位之重要。茲將三十年來東印度糖業輸出量輸出價值及佔總輸出百分數表列于後：

年別	輸出量（千公噸）	價值（百萬盾）	佔總輸出百分數
一九四〇		五二、〇	三、九
一九三九	一、六〇七	七七、〇	一〇、三

一九三八	一、〇九二	四四、七	六、八
一九三七	一、一五一	五〇、二	五、三
一九三六	八九五	三三、八	六、三
一九三五	一、〇四六	三五、一	七、九
一九三四	一、一〇六	四四、八	五、七
一九三三	一、一七八	六一、一	七、六
一九三二	一、五三二	九七、七	一〇、三
一九三一	一、五九七	一二八、二	九、四
一九三〇	二、二六七	二五四、三	一二、三
一九二八	二、五六七	三七五、八	一四、三
一九一〇年至一九一四年平均		一五〇、〇	二八、四

（二）橡皮之輸出

橡皮在二十世紀開始時，其輸出價値在東印度年僅一千餘萬盾。大戰發生之前一年，輸出亦僅三千萬盾。

後以戰事之需要，年有增進。一九二〇年已達一萬萬九千萬盾，居東印度輸出貿易之第三位。一九二三年更躍進而爲第二位。一九二六年以輸出價值達四萬萬八千萬盾，遂代蔗糖而居輸出首位。一九二八年退而爲第二位。一九三三年降爲第三位。一九三五年至一九三六年位于石油輸出之下而佔第二位。一九三七年以價值二萬萬九千萬盾之鉅額輸出，繼石油而居首位。一九三八年退爲第二位。一九三九年回復第一位。一九四〇年以輸出價值三萬萬三千萬盾之鉅數，仍居第一位。蓋戰時橡皮屬于强性物品，戰爭需要橡皮，故美國大量收購，以致橡皮事業在東印度不萎縮而反活躍。茲將三十年來東印度橡皮輸出量輸出價值及佔總輸出百分數表列于後：

年別	輸出量（千公噸）	輸出價值（百萬盾）	佔總輸出百分數
一九四〇	五四四	三二八、二	二四、八
一九三九	四二一	一九五、五	二六、四
一九三八	三三一	一三三、五	二〇、二
一九三七	四八三	二九六、七	三一、二
一九三六	三四八	八六、七	一六、一
一九三五	三二一	六九、一	一五、五

一九三四	四七一	八七、九	一一、二
一九三三	三五八	三六、八	四、五
一九三二	二五五	三四、〇	三、五
一九二八	二九二	二七八、四	一〇、六
一九一〇年至一九一四年平均		二四、〇	四、五

（三）石油之輸出

石油在東印度之經濟地位，自始至今均屬重要。第一次大戰發生之前一年，共輸出價值僅次于蔗糖而佔第二位。一九二二年更以三萬萬二千萬盾之價值，代蔗糖而居輸出首位。然不問東印度經濟如何變動，石油輸出地位皆循環于一二三位之間。一九三三年至一九三六年皆位居輸出之首位。一九三七年至一九四〇年間，常與橡皮互居輸出首位。一九三七年日本發動侵略我國戰爭後，購買東印度之石油甚多。一九四〇年荷日規定東印度之原油七十六萬噸，石油產品五十四萬噸，爲日本所先定。此外石油公司每年運日之石油爲五十萬噸。此時日本已大量儲藏軍需燃料，蓋以預備發動太平洋戰爭也。當一九四二年初日軍進攻東印度時，曾以東印度之石油用爲飛機、坦克、軍艦之燃料，以攻擊東印度軍隊，而東印度軍隊亦以同樣之石油，以發動其軍艦飛機坦克以相對敵。斯時荀體味雙方之苦惱，實爲一件有聲而無淚之悲劇。茲將三十年來東印度石油輸出量輸出價值及佔總輸出百分數表列于後：

年別	輸出量（千公噸）	輸出價值（百萬盾）	佔總輸出百分數
一九四〇		一六九・六	一二・八
一九三九		一五五・四	二〇・八
一九三八	六、四三五	一六四・〇	二四・九
一九三七	五、九七六	一六六・六	一七・五
一九三六	五、三二一	九七・五	一八・一
一九三五	五、一三九	八七・四	一九・六
一九三四	四、九一二	九八・六	一三・五
一九三三	四、四〇〇	一〇三・五	一三・八
一九三二	三、九四七	九六・九	一〇・二
一九二八		一四四・〇	五・五
一九一〇年至一九一四年平均		七七・四	一四・六

（四）錫之輸出

東印度錫在第一次大戰結束後，其經濟地位日趨重要。一九二〇年至一九三〇年之十年中，輸出價值常在五千萬盾至一萬萬盾之間，貿易地位亦常在第五位至第七位之內。及世界經濟恐慌後，輸出價值遂因之而降低，五年間平均爲三千三百萬盾。一九三五年後，又逐漸上升，躍居輸出貿易之第三位。一九三七年達八千四百萬盾。一九三八年至一九三九年仍居第四位。東印度錫一部分運往荷蘭，一部分運往新嘉坡。大戰發生後，則大部分運往美國。茲將三十年來東印度錫及錫苗輸出量輸出價值及佔總輸出百分數表列於後：

年別	輸出量（公噸）	輸出價值（百萬盾）	佔總輸出百分數
一九四〇	四四、〇〇〇	八一・〇	六・一
一九三九	三八、八〇〇	五九・三	七・九
一九三八	二六、五〇〇	三三・五	五・一
一九三七	五〇、九〇〇	八四・一	八・八
一九三六	三九、五〇〇	四六・一	八・六
一九三三	一七、〇〇〇	二一・五	二・八

一九三〇	四一、九〇〇	五七・九	二・八
一九一〇年至一九一四年平均		五・八	一・一

（五）椰干之輸出

椰干在東印度輸出貿易上佔重要地位。遠在一九一三年，其輸出價值卽達六千五百萬盾，僅次于蔗糖、石油、烟草而居第四位。一九二〇年後，更增至八九千萬盾。一九二八年突破一萬萬盾。此後雖在經濟恐慌期中，亦平均在四千四百萬盾。一九三七年回復六千萬盾。一九三八及一九三九年中降至三千餘萬盾，居輸出之第五位。一九四〇年大戰時，椰干屬于軟性貿易，故市場益陷于停滯。因其市場在歐西，而歐西又被淪陷，故輸出僅值一千餘萬盾。椰干在量之輸出上，十餘年來，並未多大變動，常維持于四五十萬公噸之間，僅市價之漲落不定，故輸出價值變動甚大。茲將三十年來東印度椰干椰油輸出量輸出價值及佔總輸出百分數表列于後：

年別	輸出量（千公噸）	輸出價值（百萬盾）	佔總輸出百分數
一九四〇		一二・六	〇・九
一九三九	五二九	三五・三	三・四
一九三八	五六五	三八・三	五・八

商　業　二五九

一九三七	五〇六	六二・六	六・六
一九三六	五一七	四一・五	七・七
一九三五	四九三	二六・〇	五・八
一九三四	四二四	一六・八	二・一
一九三三	四九六	三八・四	四・七
一九三二	四八七	四三・三	四・五
一九二八	四四九	一〇六・四	四・〇
一九一〇年至一九一四年平均		五二・二	九・八

（六）烟草之輸出

烟草亦爲東印度重要輸出之一，在十九世紀時，卽有巨額之輸出。第一次大戰發生之前一年，輸出價值已達九千二百萬盾，佔輸出貿易之第三位。一九二〇年躍進至一萬萬七千萬盾。此後十年中其平均數爲九千萬盾。一九三〇年世界不景氣後，輸出價值日漸低落，在此五年間，常在四千萬盾左右。一九三五年跌至三千萬盾。一九三七年至一九四〇年平均爲三千六百萬盾。至其輸出量，亦與年俱減。此蓋世界烟草業供過于求耳。其輸出地大部分至荷蘭轉運于消費國家。荷蘭淪陷後，市場乃移至南北美洲。玆將三十年來東印度烟草輸出量輸出價値及其佔總輸出百分數表列於後：

年別	輸出量（千公噸）	輸出價値（百萬盾）	佔總輸出百分數
一九四〇		三七・〇	二・七
一九三九	三五	二六・九	三・六
一九三八	五〇	三八・八	五・九
一九三七	五〇	四一・一	四・三
一九三六	五〇	三七・九	七・〇
一九三五	五一	二九・三	六・六
一九三四	四六	三九・三	五・〇
一九三三	五〇	三六・三	四・五
一九三二	七六	四五・八	四・八
一九二八	七二	九五・五	三・六
一九一〇年至一九一四年平均		六八・九	一三・〇

(七) 茶之輸出

茶在戰前輸出價值僅二千萬盾。戰後日趨進步，一九二三年至一九三〇年中平均輸出價值爲八千一百萬盾。經濟恐慌期中尙有價值四千七百萬盾之輸出，但其輸出量則不相上下。于此可見市價之低落。一九三六年後，又呈活躍之狀。一九三九年達五千七百萬盾。一九四〇年仍爲五千萬盾。東印度未施行關稅保護政策之前，茶之輸出以英較多。一九三〇年減少五分之一，而新市場又在美國。一九三〇年輸美者僅百分之四，一九三九年增至百分之二十，澳洲則爲百分之二十四。第二次大戰發生後，茶業大減，大陸貿易全部消滅。一九四一年英帝國銷售東印度茶已佔總數三分之一。茲將三十年來東印度茶之輸出量輸出價值及其佔總輸出百分數表列于後；

年別	輸出量（千公噸）	輸出價值（百萬盾）	佔總輸出百分數
一九四〇		五〇・九	三・八
一九三九	八四	五七・一	七・七
一九三八	八二	五六・二	八・五
一九三七	七六	四九・一	五・二

一九三六	七九	四二·九	八·〇
一九三五	七四	三六·七	八·二
一九三四	七三	四四·九	五·七
一九三三	八一	二六·四	三·二
一九三二	八九	三二·五	三·四
一九二八	八〇	九八·二	三·七
一九一〇年至一九一四年平均		一九·六	三·七

（八）咖啡之輸出

咖啡之輸出，在東印度經濟上亦佔重要地位。第一次大戰前，常在二千萬盾。戰後增至六七千萬盾。一九二八年爲其最高峯時代，達八千萬盾。世界不景氣後，遂降落至二千餘萬盾。一九三五年至一九三九年更跌至一千餘萬盾。第二次世界大戰發生後，影響甚大，因其市場在歐西，故一九四〇年咖啡市場更劣，輸出僅值七百餘萬盾，列于東印度輸出貿易之第十一位。茲將東印度三十年來咖啡輸出量輸出價值及其佔總輸出百分數表列于後：

年別	輸出量（千公噸）	輸出價值（百萬盾）	佔總輸出百分數
一九四〇		七·八	〇·六
一九三九	六七	一一·九	一·六
一九三八	七〇	一三·七	二·一
一九三七	一〇〇	二六·〇	二·七
一九三六	九七	一五·九	二·九
一九三五	八四	一八·六	四·六
一九三四	八三	二一·七	二·七
一九三三	七二	二五·六	三·一
一九三二	一一六	三六·一	三·九
一九二八	一一六	八一·三	三·一
一九一〇年至一九一四年平均		二一·〇	四·〇

（九）胡椒之輸出

胡椒雖爲東印度獨佔生產之事業，但在輸出貿易上一九一〇年至一九三〇年僅佔總輸出價值百分之二，一九三一年後升至百分之三，一九三七年降爲千分之七，而居輸出貿易之第十五位，一九三九年回復至百分之一以上。東印度胡椒之重要顧客爲美國及新嘉坡，各在二百萬盾之價值。一九三九年輸入美國之胡椒更達三百六十萬盾之多。一九四〇年降爲一百二十萬盾。茲將三十年來東印度胡椒輸出之價值表列于後：

一九三〇年至一九三四年平均	二一・〇百萬盾	一九三九年	九・八百萬盾
一九二五年至一九二九年平均	三三・二百萬盾	一九三八年	八・六百萬盾
一九一〇年至一九一四年平均	一一・六百萬盾	一九三七年	七・〇百萬盾
		一九三六年	一〇・七百萬盾
		一九三五年	一一・七百萬盾

（十）規納之輸出

爪哇之規納，雖佔世界百分之九十以上之生產，但在東印度輸出貿易上，並不佔重要地位。一九三六年前，僅值數百萬盾。此後乃升至千餘萬盾。一九三七年佔東印度輸出貿易之第十二位。一九四〇年更升至二千餘萬盾，進而爲輸出貿易之第七位，已凌駕椰干咖啡而上之。規納之國際市場本在荷蘭，一九四〇年荷蘭陷敵後，

美國遂爲其大主顧。茲將三十年來東印度規納之輸出價值表列如下：

一九四〇年	二七・〇百萬盾
一九三九年	一一・六百萬盾
一九三八年	一一・八百萬盾
一九三七年	一〇・三百萬盾
一九三六年	一一・〇百萬盾
一九三五年	七・七百萬盾
一九三〇年至一九三四年平均	八・〇百萬盾
一九二五年至一九二九年平均	九・五百萬盾
一九一〇年至一九一四年平均	四・三百萬盾

（十一）　油棕櫚之輸出

油棕櫚在東印度輸出貿易上常佔百分之二至百分之三間。一九二五年之輸出爲五百萬盾。一九三〇年後之十年中進而爲一千餘萬盾至二千餘萬盾。一九四〇年又減至一千萬盾，佔輸出貿易之第十位。至其輸出國別，以美國爲最大主顧，一九三二年值八百萬盾，一九三七年值一千九百萬盾，一九四〇年不及六百萬盾，然已佔該項輸出百分之五十七。其次爲荷蘭，一九三二年值二百萬盾，一九三七年值五百萬盾。一九四〇年荷蘭淪陷後，其銷路斷絕。茲將十五年來東印度油棕櫚輸出價值表列于後：

年份	價值	年份	價值
一九四〇年	九・六百萬盾	一九三五年	一三・六百萬盾
一九三九年	一五・八百萬盾	一九三〇年至一九三四年平均	一一・四百萬盾
一九三八年	一六・五百萬盾	一九二五年至一九二九年平均	六・九百萬盾
一九三七年	二六・一百萬盾		
一九三六年	二一・四百萬盾		

（十二）茨粉之輸出

東印度茨粉之輸出，以美國爲最大主顧。一九三七年輸往美國者達一千萬盾，佔總數百分之六十；輸往英國者爲三百萬盾，佔總數百分之一七。一九三九年輸美之茨粉減爲六百二十萬盾，仍佔百分之六十二。一九四〇年又回復八百五十萬盾。茨粉在東印度輸出貿易上，一九三五年佔第十三位，一九四〇年進而爲第八位，已駕椰干咖啡而上之。茲將三十年來東印度茨粉輸出價值表列于後：

年份	價值	年份	價值
一九四〇年	一三・二百萬盾	一九三七年	一八・四百萬盾
一九三九年	九・九百萬盾	一九三六年	一一・八百萬盾
一九三八年	九・二百萬盾	一九三五年	六・九百萬盾

一九三〇年至一九三四年平均	一〇・一百萬盾
一九二五年至一九二九年平均	二一・四百萬盾
一九一〇年至一九一四年平均	六・四百萬盾

（十三）纖維之輸出

下列纖維之統計，包括西沙爾麻、坎達爾麻、馬尼拉麻及木棉等。東印度纖維在輸出貿易上一九三七年佔第八位，以美國爲第一主顧，澳洲德國荷蘭次之。一九四〇年輸往美國之纖維，值九百六十萬盾。茲將三十年來東印度纖維輸出之價值表列于後：

一九三九年	一九・七百萬盾
一九三八年	一六・一百萬盾
一九三七年	二三・四百萬盾
一九三六年	一六・九百萬盾
一九三五年	一四・二百萬盾
一九三〇年至一九三四年平均	二一・五百萬盾
一九二五年至一九二九年平均	三五・九百萬盾
一九一〇年至一九一四年平均	七・二百萬盾

第三項　東印度各種輸入品之分析

（一）　紡織品之輸入

東印度既爲七千五百萬人之國家，故其消費力量，較之南洋其他國家尤爲强大。因其工業之幼稚，故需要外國製成品大量之輸入，爲之消費。又因其輸出貿易之强大，致人民經濟力量甚爲活躍，購買力亦因之强大。輸入品多爲紡織品、機器、鋼鐵、食品、車輛等。

紡織品自昔卽佔輸入之第一位，而今日猶然。二十世紀初年，其輸入價値爲六千餘萬盾。大戰發生之前一年，已達一萬萬二千萬盾。一九二〇年增至三萬萬六千萬盾。蓋斯時東印度之紡織工業方始萌芽，不能供給本國之消費，故依賴外國紡織業甚深。于是英國蘭開夏與日本大阪低廉之紡織品，遂乘機而入。一九二一年至一九三〇年十年中，東印度紡織品輸入價値平均在二萬萬盾左右。一九三一年不景氣後，因印度尼西亞人之購買力衰弱，紡織品之輸入遂受影響。但日本輸入之進步頗堪驚訝，以其低廉之價格，確能刺激消費增加。一九三三年東印度採取限制輸入政策後，外國紡織品之輸入遂無形減少。一九三五年減至八千一百萬盾。一九三六年爲八千六百萬盾。一九三七年世界景氣回復後，東印度紡織品之輸入，亦因之增加。該年輸入價値爲一萬萬五千七百萬盾。一九三九年大戰發生後，運輸及貨物來源之減少，使輸入輸出同受影響。自北歐輸入之紙火柴機器，頓然停頓。自英國輸入之紡織品，亦無形減少。于是東印度政府不得不覓尋新輸入前之限制輸入政策，遂為今之獎勵輸入政策所代替矣。因之使南美輸入貿易增加不少。又輸入方面如牛油、牛奶、蔬菜等，前昔多來自荷蘭，今則為本地產品所代替。而美國與東印度之貿易，一九三九年遂告增加。東印度紡織品之輸入，三十年來，常佔總輸入百分之二十七至百分之三十二。中以布疋居首位，紗線次之。布疋中以漂白布為主，染色者次之，印花者又次之。紡織品之主要輸入國家為荷、日、英三國，年來互爭東印度之市場甚烈。十年以前英國佔紡織品輸入之首位。一九三一年後，情勢突變，日本乃駕英國而上之。一九三五年日本紡織品之輸入，在數量方面佔總數百分之八十，在價值方面佔百分之七十六，不徒英、荷兩國紡織品為彼所打倒，且已獨佔其輸入貿易矣。斯時東印度政府雖施行限制輸入政策，但一九三七年日本仍佔五千萬盾，荷蘭佔二千六百萬盾，英國為一千萬盾。一九三九年日本仍佔四千萬盾，荷蘭佔三千四百萬盾，英國包括印度在內僅有一千三百萬盾，已屈居第三位矣。荷蘭以享有關稅保護政策之關係，故仍能保持其原有之位置，非日本傾銷政策所可打倒者。茲將三十年來東印度紡織品輸入之價值指數及百分數表列於後：

年別	輸入價值(百萬盾)	指數(一九一三年為一〇〇)	佔總輸入百分數
一九三九	一二二·五	九二	二六·一
一九三八	一二一·七	九四	二五·〇

一九三七	一五七・六	九七	三二・一
一九三六	八四・九	七六	二九・六
一九三五	八一・六	七四	二九・六
一九三〇年至一九三四年平均	一三四・七	一〇二	二七・一
一九一〇年至一九一四年平均	一〇一・八	一〇〇	二七・二

（二）機器及鋼鐵之輸入

次于紡織品之輸入者，爲機器及鋼鐵。百年來，東印度正待開發，如建築鐵道，與築港灣，開發農鑛，設立工廠，皆需要大批之機器及鋼鐵，爲之奠定交通農工礦業之基礎。第一次大戰前，東印度輸入之機器及鋼鐵尚不多，平均不及五千萬盾，佔總輸入百分之十三。一九二五年後之五年中，爲其最興盛之時代，平均達一萬萬四千萬盾。此後之六七年中則輸入減少，年僅數千萬盾。此亦足以表示斯時經濟之不景氣。以前蔗糖業之發達，曾促進機器之輸入。爪哇鐵道之建築均賴大批鐵軌之輸入。而今日原有糖廠多告封閉，新興事業，更談不到。而外島鐵道之建築，因財力不足之關係，實爲時尚早。一九三七年後，因景氣之回復，輸入亦隨之而增加至一萬萬盾以上。一九三八年佔總輸入百分之二十四。一九四五年荷屬東印度羣島經紀人希望以八萬萬金元在美國購買工業裝備，以備于東印度由日寇手中克服後將其重建之用。此項數月實際僅佔荷蘭官方所考慮爲東印度作復興與再造之五年計劃用二十四萬萬金元三分之一而已。關于機器方面挖掘機之缺乏，可由當日寇侵入馬來亞時，荷蘭曾將錫礦之挖掘機一〇八五架予以毀壞之事實知之。其他之較重機器，如吐魯勃蒸氣機、狄塞爾發動機、發電機、升降機、道路壓平機、曳引機、打樁機等，亦所需要者。此項機器，將用爲修理及重建公路海港鐵路等之用，因其中之大部分業已于日寇侵入東印度時予以毀壞也。機器與鋼鐵之輸入，在昔以荷蘭居首位，德國次之。一九三九年美國躍居首位，後荷蘭次之，德國又次之。是年美國輸入機器佔總數百分之四十一。輸入鋼鐵佔總數百分之五十。鋼鐵之中，鋼板多來自日、比、德、英四國，建築材料來自德、比兩國，鐵管則來自英、日兩國。茲將十年來東印度機器及鋼鐵輸入價值指數及百分數表列于後：

年別	輸入價值（百萬盾）	指數（一九一三年爲一〇〇）	佔總輸入百分數
一九三九	九一·八	六四	一九·五
一九三八	一一六·五	六九	二四·一
一九三七	一一一·九	一三〇	二二·八
一九三六	五一·七	六七	一八·〇
一九三五	四五·六	六一	一六·五

一九三〇年至一九三四年平均	七四、三	八七	一五、〇

（三）食品之輸入

所謂食品輸入者，係包括米、麪粉、香烟、魚干、牛奶、酒及其他罐頭食品而言也。東印度民食之不敷，第四章已言之。其每年輸入之外米甚多，一九二一年曾達一萬萬盾，一九二二年至一九二九年常在五千萬盾至九千萬盾之間，一九三〇年至一九三四年減至四千萬盾。一九三五年後更減爲一千餘萬盾，此蓋政府限制輸入與國內增產所致。至一九四〇年輸入僅四萬二千噸，較之前十年輸入達六十萬公噸者，已減少百分之九十。其輸入國家爲越南、暹羅、緬甸三國。新嘉坡雖有大量之輸入，僅爲轉口貨耳。

麪粉之輸入，年在五百萬盾至七百萬盾之間。以東印度不產小麥，故需要外粉之輸入。其輸入國家爲澳洲及新西蘭所獨佔。

香烟之輸入，十年前輸入價值爲三千餘萬盾，此後減爲一千餘萬盾，今則更低至數百萬盾。以東印度政府對于本國香烟業積極提倡，故輸入減少。其輸入國家，以英國爲主要國，佔百分之五十；荷蘭次之，佔百分之三十。

魚干之輸入，四十年來常在一千萬盾以上。輸入國家以新嘉坡爲主要。東印度雖爲島國，海多于陸，但因漁業之不發達，故需要外國魚干爲之消費。

牛奶之輸入年在五百萬盾至一千萬盾。其輸入國家全部爲荷蘭，以荷蘭乳牛馳名于遐邇也。

酒之輸入前昔常在一千餘萬盾，今則減爲五百萬盾。酒輸入之減少固由于政府限制啤酒輸入，但亦足窺歐人經濟狀況之一斑。酒之輸入國家以荷蘭爲主，德國次之。

依一九三八年之統計，東印度上述各種食品之輸入，爲八千六百萬盾。

（四）車輛等之輸入

東印度因公路之發達，故需要車輛甚多。在爪哇自一八〇八年丹達爾總督興築橫貫全島之公路後，此長八百里之東西國道，遂縮短一月之行旅時間。百年來爪哇公路已入于完善之境，一九三九年長達二萬六千七百八十二公里。外島因鐵路多未興築，尤須公路以代替之。一九三九年外島公路已達四萬二千零三公里。總共東印度之公路共長六萬八千七百八十三公里。東印度既無汽車工業之建設，故車輛之輸入，爲一極端需要問題。一九三九年之統計，各種汽車共有九萬輛。此皆由外國所輸入者。該年美國車輛之輸入，佔東印度車輛總輸入百分之六十二。在四十年前車輛之輸入價值爲五百萬盾。一九二〇年東印度經濟甚爲活躍，車輛之輸入增至三千餘萬盾，一九三一年減爲一千七百萬盾，一九三八年增至二千二百萬盾，一九三九年又減爲一千八百萬盾。

人造肥料之輸入，在昔以農產品發達故需要甚多，常在二千萬盾之間，一九二〇年且達四千八百萬盾。經濟不景氣後，輸入銳減。一九三五年低至三百四十萬盾。于此可見農產品之衰落。一九三九年回復至一千萬盾。輸入主要國家多爲荷蘭。

化學品之輸入，在經濟景氣時，常達一千餘萬盾。不景氣後，已減至七百萬盾。一九三七年景氣回復時，又增至一千二百萬盾。一九三九年仍維持此數字。輸入國家多爲德、日、荷、英等國。

紙之輸入，因年來東印度教育之普及與文化之提高，需用紙甚多，而萬隆之紙廠，不能作大規模之供應，故爲量至巨，幾全部紙之需要皆爲外國所供給。一九二五年至一九二九年平均輸入價值爲一千六百萬盾。一九三五年雖在經濟不景氣時亦達一千萬盾。一九三九年回復一千六百萬盾。紙之輸入國家，以荷蘭爲最主要，常佔百分之三十以上；德、美、英、日次之。

第三節 國別貿易

第一項 東印度與荷蘭之貿易

（一） 百年來荷蘭與東印度貿易之演進

荷蘭與東印度之政治關係，雖有悠久歷史，然其經濟關係，則于一八三〇年後始告顯著。十九世紀荷蘭在東印度之投資，多建立于貿易之上。一八六〇年東印度實行自由貿易後，荷蘭投資乃大量增加，使母國人民生活標準提高不小。但荷蘭不能長久吸收東印度之貨物，一八七二年後，東印度對荷蘭之輸入減低。第一次大戰前，荷蘭輸入佔東印度總輸入三分之一，但以價值計算，則逐漸增加。大戰期中原料價格高漲，但荷蘭輸入于東印度者，僅佔東印度總輸入百分之十六。及世界經濟恐慌後，影響于荷蘭貨品輸入者甚大，東印度購買力降低，日本廉價貨品遂因之擁入，但機器鋼鐵及其製品，則依然來自荷蘭。一九二九年荷蘭輸入東印度之貨品為二萬萬一千四百萬盾，一九三五年則減至三千六百萬盾，因之東印度政府遂感覺有施行比額輸入制度，以保護母國貨品之利益之必要。當荷蘭紡織品及其他工業品被給予較大輸入比額，以免被排擠于東印度市場之外時，而荷蘭亦須給予東印度產品以相當之利益。蓋東印度人民購買荷蘭高價商品時，其金錢上必受相當之損失，故荷蘭不能不設法為之抵償也。因之荷蘭與東印度乃簽訂半官協定，凡荷蘭之製油業，必須購買東印度百分之六十之椰子油。一九三四年後，荷蘭又頒佈關于東印度食物之特別法規，使米及玉蜀黍輸出實行徵稅，以穩定國內市場之價格。荷蘭政府並保證一萬噸至一萬七千噸之玉蜀黍由東印度輸入荷蘭時，可決定其一定之價格。該年荷蘭政府又頒佈糖業新法規，凡荷蘭所有將來之製糖工業、牛乳工場、可可糖工業等所需之粗糖，全部由荷蘭殖民地生產供給之。其中西印度之蘇利南輸入一萬三千噸，爪哇糖輸入八萬五千噸。若東印度粗糖之價格，及由東印度運輸至荷蘭所需之運費與倫敦粗糖市價有差額時，則荷蘭政府應予以津貼。故實際上荷蘭之糖業市場，已爲其殖民地所獨佔。在昔荷蘭對于甜菜糖施行保護政策，而爪哇之蔗糖，則毫未得到政府之保護，故爪哇糖業界甚爲不滿。今既有新法之規定，故爪哇糖業界甚表歡迎。此外荷蘭又與各國簽訂支付協定，將東印度之輸出利益包括于互惠條款之內。如德荷所簽訂之支付協定中，德國貨品輸入東印度者，爲一千五百萬盾，而東印度產品輸入德國者爲四千三百萬盾，此二千八百萬盾之差額，荷蘭不得不自德國輸入以抵銷之，故予東印度之利益甚大。在支付協定之中，尚有補償契約。在此契約之下，蘇門答臘及爪哇關於烟草、橡皮、棕櫚油等之輸出，可依允許德國造船商以新商船供給荷蘭商船船隊之法支付之。

荷蘭在東印度市場既握有優惠之比額輸入制，故利益甚大。自一九三六年實行此制度後，使七千以上之失業棉織工人，又得在荷蘭本國復業。在荷蘭國內異常嚴重之失業問題，因此得以局部解決。惟東印度對荷蘭之貿易，不能有更大之幫助。一由于東印度正在工業化，故荷蘭之工業品祗有日見減少，不能如前時之輸入。二由于東印度生活低廉，而荷蘭貨價高昂，不能配合其所需。一九三一年後，荷貨多被日貨競爭，日貨超過于荷貨。一九三八年及一九三九年荷貨雖回復第一位，但一九四〇年因荷蘭之淪陷，更不待言。三由于荷蘭工業對原料之消費力，遠在東印度原料供給力之下。在東印度農礦業尚未十分發達之時，如一八七〇年農礦品輸往荷蘭者，佔總輸百分之七十六。此後三十年中，減爲百分之三十一。二十世紀最初之三十年，平均輸往荷蘭者，又減至百分之十六。一九三三年後，荷蘭乃極力提高對東印度之貿易，並大量收買熱帶產品。一九三七年輸入大增，爲一九三三年之二倍有奇，然其百分數亦多在二十左右。一九三九年後，東印度輸往荷蘭之產品，已退爲百分之十五。一九四〇年更降至百分之五・五。茲將百年來東印度與荷蘭之國際貿易表列於後：

年別	由荷蘭輸入東印度		由東印度輸往荷蘭	
	價值（百萬盾）	佔東印度總輸入之百分比	價值（百萬盾）	佔東印度總輸出之百分比
一九四〇	六二・一	一三・九	四八・一	五・五
一九三九	九六・八	二一・〇	一〇九・五	一四・七
一九三八	一〇六・二	二二・二	一三四・一	二〇・四
一九三七	九三・三	一九・一	一九一・六	二〇・一
一九三六	四七・一	一六・七	一二七・〇	二三・六
一九三五	三六・四	一三・四	一〇〇・二	二二・五
一九三四	三八・〇	一三・三	一〇四・三	二一・四
一九三三	三九・四	一二・四	八六・七	一八・五
一九三二	五八・一	一五・八	一〇三・七	一九・一
一九三一	九八・六	一五・四	一三〇・四	一七・四

一九三〇	一六三・三	一六・七	一七七・九	一五・三
一九二九	二一三・五	一七・七	二三一・三	一六・〇
一九二八	一六九・九	一八・二	二六二・七	一六・七
一九二五至一九二九平均	一六二・二	一七・六	二六二・八	一六・四
一九一九至一九二四平均	一七二・二	二一・四	二六五・九	一六・六
一九一四至一九一八平均	七四・八	一七・四	一〇五・一	一四・二
一九〇九至一九一三平均	一一三・七	三二・五	一二九・〇	二六・三
一九〇〇	五九・三	三三・七	七一・二	三〇・九
一八七〇	一九・〇	四〇・六	八二・四	七六・五
一八五〇	七・九	三三・九	四五・二	七八・三
一八三〇	六・三	四一・九	六・八	五二・五

（二）荷蘭與東印度貿易物品之分析

荷蘭與東印度之貿易，從輸入言、多爲棉織品、機器、鋼鐵及其製品、香烟、食品、紙、化學品、酒、牛乳、肥料等。

荷蘭棉織品之輸入，在昔常佔總輸入百分之二十六，爲輸入國別之第二位。一九三〇年輸入價值爲四千一百六十萬盾。一九三三年因日貨之傾銷，降至百分之七，輸入價值低至四百五十萬盾。一九三八年因輸入比額制度之關係，升至第一位，佔總輸入百分之四十二，輸入價值爲三千二百四十萬盾。一九三九年，又退爲百分之三十一，輸入價值爲二千一百八十萬盾。一九四〇年更低至百分之十六，輸入價值爲一千萬盾，首位已爲日本所奪去。

機器之輸入，因東印度之農工礦業多爲荷人之資本，荷人以祖國之關係，故常購買荷蘭之出品。一九三〇年輸入爲二千五百五十萬盾，佔總輸入百分之二十九，居第一位。一九三四及一九三五年爲其最低落之時期，其價值曾降至四百六十萬盾與五百萬盾，但其百分數仍爲二十九與二十八，仍佔輸入之首位，蓋其他各國之輸入亦減少也。一九三八年增至在百分之三十六，輸入價值爲二千萬盾，仍爲首位。一九四〇年輸入價值僅七百三十萬盾，佔總輸入百分之二十一，首位已爲美國所奪去。

鋼鐵及其製品之輸入，荷蘭僅次于德國、比利時，而居第三位。一九三〇年輸入價值爲一千三百萬盾。一九三四年減爲一百五十萬盾。一九三七年及一九三八年增至五百二十萬盾與七百萬盾。一九四〇年減爲四百萬盾。是年美國輸入爲二千七百萬盾，已代德國而居首位，日本已佔第二位。

至其他輸入品之價值，一九三七年香烟爲五百四十萬盾，食品爲四百七十萬盾，紙爲四百一十萬盾，人造肥料爲三百八十萬盾，牛乳爲三百七十萬盾，酒與化學品各爲一百萬盾。此種輸入品在經濟景氣時，其價值增多，經濟不景氣時，其價值減少。如人造肥料，一九三〇年爲六百三十萬盾，一九三四年減至一百一十萬盾。

從輸出言，多爲錫、烟草、椰干、橡皮、茶、規納等，而石油之輸往荷蘭者可謂甚少。錫之輸出荷蘭常佔第一位或第二位。一九三〇年輸往荷蘭者其價值達二千萬盾，次于新嘉坡而佔第二位，佔總輸出百分之三十五。一九三四年雖在經濟不景氣期中，錫之輸出，對荷蘭反形增加，已達二千四百萬盾，佔總輸出百分之七十二。一九三七年更增至六千二百萬盾，佔總輸出百分之七十三。一九三八年減爲二千五百萬盾，一九三九年爲二千萬盾，但皆佔第一位。一九四〇年因荷蘭淪陷，新嘉坡與美國遂佔東印度錫之輸出第一二位。烟草之輸出，以荷蘭爲其重要主顧，並獨佔其貿易。一九三〇年佔百分之三十四，價值爲八千七百萬盾。一九三五年減至二千八百萬盾。一九三七年增至四百萬盾。大戰發生後，東印度烟草已絕跡于歐洲大陸。規納之輸出，對于荷蘭亦爲其貿易上之獨佔主顧。一九三〇年輸往荷蘭者爲九百六十萬盾，佔總輸出百分之八十。一九三四年雖降爲四百七十萬盾，但仍佔總輸出百分之七十三。一九三七年增至八百萬盾，一九三九年降爲六百萬盾，仍佔第一位。一九四〇年低至三百三十萬盾。是年美國與印度已代荷蘭而佔輸出之第一二位。橡皮之輸出，對于荷蘭常佔總數百分之五，而居第四位。一九三〇年輸往荷蘭爲九百七十萬盾。一九三四年隨不景氣而低至四百七十萬盾。一九三七年增至一千四百五十萬盾，一九三八年爲九百八十萬盾。一九三九年爲七百九十萬盾。一九四〇年低至一百二十萬盾。椰干之輸出荷蘭亦佔首位，常佔百分之二十一至三十。一九三〇年輸往之椰干及椰油，共價值爲一千六百萬盾。一九三四年減爲三百七十萬盾。一九三七年增至二千萬盾。茶之輸出荷蘭常佔第二位。一九三〇年輸往荷蘭者爲一千八百萬盾，佔總輸出百分之二十五。一九三四年減爲一千一百萬盾，佔百分之二十二。一九三七年爲一千萬盾佔百分之二十。一九三九年大戰發生後，荷蘭貿易全部停頓，澳洲輸入大增。

第二項　東印度與日本之貿易

（一）　三十年來日本與東印度貿易之演進

日本于第一次大戰後之工業發展極速在一九二〇年，日貨輸入東印度已次于荷英而列爲第三位。一九二四年至一九二七年，日貨輸入東印度平均價値爲八千二百四十萬盾，較之一九〇九年至一九一三年已增加二十倍。在大戰前其平均輸入僅佔東印度總輸入百分之一·二五。大戰期中驟增至百分之十。同時東印度輸日之貨物亦增加，一九二〇年增至九千六百萬盾。此後卽退減，至一九三五年爲最。一九三一年後，日貨之輸入東印度，眞是風起雲湧，有排山倒海之勢，一九三一年日貨輸入佔總輸入百分之一六·三七，居第一位。三年後，其數量較荷英德三國輸入之總和爲多。一九三五年更增至總輸入百分之三〇·九六，造成驚人之新紀錄。

當一九三〇年時，日貨之入超不過侵蝕東印度總出超百分之十八。一九三一年後，常在百分之三十以上。

一九三三年竟達一半以上，致使東印度出超所得三分之一，皆爲日本取去。東印度經濟，以貿易出超爲其生命線。今出超所得，既爲日本侵蝕，則東印度政府對之能不惶恐？往昔日本與東印度之貿易，日本常爲入超。一九二八年後，其情勢即大改變，日本變爲年年出超。日本出超最盛之各年爲：一九三三年，由日本輸入東印度者達九千八百萬盾，由東印度輸入日本者僅二千三百萬盾，日本出超七千五百萬盾。一九三四年由日本輸入東印度者達九千三百萬盾，由東印度輸入日本者僅一千九百萬盾，出超七千四百萬盾。一九三七年由日本輸入東印度者達一萬萬二千四百萬，入由東印度輸入日本者僅四千二百萬盾，出超達八千二百萬盾。其餘各年日本出超均在五千萬盾以上。自一九二八年至一九四一年之上半年，一共十三年半中，日本由貿易上出超侵蝕東印度之金錢達八萬萬盾。

日貨在東印度之傾銷，致使荷蘭與英國貨品受莫大之打擊。東印度政府爲挽回此種局勢及保障本國產品之銷路計，乃採取防止日貨侵入之政策，而施行輸入限制制度。日貨之首被限制輸入者爲水泥、啤酒、布疋、陶磁器、鐵製品。日資之流入及日本在東印度之企業亦受限制，日本對此自不能忍受，乃提出抗議。一九三四年東印度政府向日本政府建議修改一九一六年之日本與東印度間之通商航海條約，並締結協定，以改善兩國間之貿易。日本政府爲打破兩國間之僵局及緩和東印度所予之限制，乃如所請，並派遣長岡爲代表赴巴達維亞會商。開會時，長岡乃提出四項意見，促東印度政府之允諾。（一）東印度政府限制輸出入時，應採取公正而合理之處置。(二) 爲使日本與東印度間貿易之健全發展，故對于東印度適當之保護統制，兩國宜時時協商。(三) 日本與東印度間之關稅及租稅不能重于第三國。(四) 在東印度之日人有企業之自由。東印度對此種提議，于第一二四項可以同意。惟第三項則表示反對，其理由謂與東印度通商之國家，多受世界不景氣之影響而採取輸入比額制。同時更因日本商品在東印度之傾銷，其他國家之貨物漸被排斥而見減少，以致東印度對外輸出陷于不振，故必須採取輸入限制之措施。因之兩國對于第三項爭持甚烈。日本旣堅持日貨不能課以較他國更高之稅率，而東印度則以爲爲保護本國之工業，必須酌量增加稅率。結果日貨源源輸入東印度。是年東印度政府課以磁器輸入稅，日方抗議。於是東印度政府亦提出三項意見：(一) 爲保護東印度之工業，必須增加關稅。(二) 限制他國輸入，即所以使各國均能在東印度購買其產品。(三) 東印度必須保護母國輸入之貨品，日方對此不能同意。其後兩國代表雖經多方之努力，終因意見懸殊，日代表乃廢然返國，而東印度政府遂恢復其保護關稅政策。一九三五年日本商家與東印度商家私人約定：(一) 日荷棉織品不受此約限制。(二) 日本絲織品輸入東印度由在日之荷商包辦。(三) 日本磁器輸入東印度，應由荷商代辦。一九三六年日本南洋海運公司與東印度渣華輪船公司之運輸問題發生爭執，于是兩國乃簽訂航運比例協定。一九三七年兩國又重開日荷會商，日本方面出席者爲駐巴達維亞總領事石澤，東印度方面出席者爲經濟部長巴爾特。會議結果，簽訂石澤巴爾特協定。其內容：(一) 在東印度之日本商品比例，維持其百分之二十五之最高現狀。陶磁器及其他五品目其最高額可增至百分之三十。其他商品由准予特定比額之一方，予以善意之考慮。（二）日本對于東印度之蔗糖保證當先購買，並予以多量收購。以後日本與東印度之商務關係，皆以此協定爲根據。惟此協定在雙方並無互償特性存于其間，僅爲輕工業製造品之通商關係，亦無企業投資之條款。蓋斯時日本因受侵略我國之牽制，東印度方面亦由于歐洲戰爭，雙方竭力實行管理外滙，限制輸出入，圓滿之通商關係，迄未成立。

一九四〇年八月，日本爲獲得東印度之石油起見，乃派商相小林一三往爪哇，與東印度政府成立售油協定。東印度每年允許供給日本一百八十萬噸之石油，比過去增加一倍。年終日外相松岡洋右乃派遣芳澤專使赴爪哇與東印度政府繼續會商，芳澤提出六項意見，要求東印度政府承認。（一）日本參加開發東印度之天然富源。（二）日本得在東印度移民，並經營各種事業。（三）日輪得開入封閉之港灣中，以便運輸日本企業所產之貨物。（四）東印度海岸線對日輪部分開放。（五）日人得在東印度發展漁業。（六）日本得參加開發東印度之航空及交通事業。此種條件東印度政府認爲已超越經濟之範圍，故日外相引誘東印度與日本之聯繫，輒遭拒絕。一九四一年日外相松岡洋右發表將東印度列入東亞共存圈之演說，更引起東印度强烈之反對。東印度政府爲報復計，遂于是年七月繼英美之後，宣佈停止日荷金融協定，停止日荷航業，及限制對日之輸出與由日本之輸入，並頒布封存日本在東印度之資產命令。年終日本發動攻取東印度之戰事後，于是東印度遂爲日本予取予求之物矣。茲將三十年來東印度與日本之國際貿易列如下表.

年別	由日本輸入東印度 價值(百萬盾)	對東印度輸入之百分比	由東印度輸往日本 價值(百萬盾)	對東印度輸出之百分比
一九四〇	一〇〇・九	二二・七一	四八・〇	五・五〇
一九三九	八五・〇	一八・一〇	二四・五	三・二八
一九三八	七一・八	一五・〇四	二〇・六	三・一九
一九三七	一二四・四	二五・四〇	四二・三	四・四八
一九三六	七五・〇	二六・六九	三〇・一	五・六三
一九三五	八一・二	三〇・一一	二四・〇	五・四四
一九三四	九二・九	三一・八七	一九・四	三・九〇
一九三三	九八・四	三〇・九六	二二・八	四・八六
一九三二	七八・四	二一・二六	二三・七	四・三七
一九三一	九二・六	一六・三七	三三・〇	四・四二
一九三〇	一〇〇・一	二一・六一	四六・二	三・九八
一九二九	一一四・八	一〇・三五	四八・〇	三・三二

一九二八	九三・七	九・五四	五七・二	三・六三
一九二四至一九二七年平均	八二・四	一〇・二六	九六・二	五・九一
一九一九至一九二三年平均	八〇・九	九・七七	一三一・〇	八・一三
一九一四至一九一八年平均	四三・二	一〇・〇四	三二・四	四・三八
一九〇九至一九一三年平均	四・四	一・二五	二一・〇	四・二六

（二）日本與東印度貿易物品之分析

日本輸入東印度之物品，其主要者爲紡織品，已佔日本輸入東印度貿易物品百分之七十。其他各種貨品僅佔百分之三十而已。在一九二八年日本輸入東印度之棉織品，僅佔東印度棉織品總輸入百分之二十六，約四千萬盾。一九三三年卽增至百分之七十五，爲四千七百萬盾。價値數量雖無多大差別，但百分比則相差甚遠，因是年東印度仍在不景氣籠罩之下也。若加上其他絲織品及紗線，共價値共六千八百萬盾。一九三九年日本紡織品之輸入東印度者爲四千三百萬盾，一九四〇年增至六千六百七十萬盾。蓋荷蘭與英國因受歐戰之影響，不能與日本對抗，日本遂獨佔其紡織品之市場。鋼鐵、車輛、玻璃、陶磁器之輸入東印度也，爲其次要商品，一九三三年爲一千一百萬盾，佔東印度總輸入百分之五十六居第一位。一九四〇年爲一千三百五十萬盾，佔總輸入百分之四十五而第一位已爲美國所奪去。

至于東印度輸往日本之貨品遠不如日本輸入之大在昔雖曾達一萬萬盾，然自一九二八年後，卽與年遞減，爲五千萬盾。一九三〇年更趨下降低至二千萬盾左右。一九三八年東印度主要產品如石油、橡皮、錫、規納輸往日本者爲一千四百萬盾佔東印度總輸出百分之二·五。次要產品如玉蜀黍、鐵礬土、廢鐵輸往日本者，爲五百五十萬盾佔總輸出百分之三十。兩者合共亦僅二千萬盾。惟日本之垂涎東印度，並不能以此爲衡量。尤其在中日戰爭，歐洲戰爭以及美國廢除美日商約之時，日本原料之分散購買主義，愈見表面化日本對于東印度之石油、橡皮、錫之軍需原料，必欲得之而甘心。此其所以有一九四一年向東印度之襲擊也。

第三項　東印度與美國之貿易

（一）　三十年來美國與東印度貿易之演進

美國與東印度之貿易，在第一次大戰前，爲數甚微貿易總額僅二千三百萬盾，爲荷蘭與東印度貿易十一分之一，不及英國與東印度貿易四分之一。大戰之前五年，美國貨品輸入東印度者，平均爲七百四十萬盾，佔東印度總輸入百分之二而已。東印度貨品輸往美國者，亦不及一千六百萬盾，僅佔東印度總輸出百分之三。一九二五年至一九二九年爲東印度與各國貿易鼎盛之時，故美國與東印度之貿易亦因之大增平均輸入爲九千萬盾，百分數增至九・七。在輸出方面平均更增至二萬萬一千七百萬盾，百分數增至一二・五。輸出輸入均已較前十五年增加十餘倍。一九三〇年至一九三六年隨世界不景氣之變化，美國與東印度之貿易亦因之大爲減低。一九三七年景氣回復後，美貨輸入東印度者增至五千萬盾，東印度貨輸往美國者增至一萬萬七千八百萬盾。但無論如何，美國與東印度之貿易十餘年來常佔東印度總貿易之第三位。惟自一九三九年後情勢大變，是年輸往美國之貨達一萬萬四千五百萬盾，佔東印度總輸出百分之一九・七，已凌駕日荷諸國而上之，居東印度輸出國別之第一位。一九四〇年後，不徒輸往美國之貨達二萬萬九千萬盾，仍居第一位，即由美國輸入東印度之貨亦達一萬萬盾，而躍居首位。一九四一年美貨更佔東印度輸入之第一位，計百分之三十五，日本佔百分之二十八。輸出方面美國爲百分之四十一，日本爲百分之五，但有一部分由新嘉坡轉運美國，故是年東印度輸至美國之貨，貨爲百分之五十。茲將三十年來美國與東印度之國際貿易列之如左表：

年別	由美國輸入東印度		由東印度輸往美國	
	價値（百萬盾）	對東印度總輸入之百分比	價値（百萬盾）	對東印度總輸出之百分比
一九四〇	一〇二・八	二三・一	二九〇・九	三三・三
一九三九	六三・七	一三・六	一四五・四	一九・七

一九三八	六〇・一	一二・六	八九・一	一三・六
一九三七	四九・九	一〇・二	一七七・九	一八・七
一九三六	二二・〇	七・七	九五・〇	一七・七
一九三五	一九・〇	六・九	六四・〇	一四・三
一九三〇至一九三四年平均	四〇・〇	八・一	八一・二	一一・九
一九二五至一九二九年平均	八九・二	九・七	二一六・六	一三・五
一九一〇至一九一四年平均	七・四	二・〇	一五・八	三・〇

（二）美國與東印度貿易物品之分析

在美國之輸入中有數種物品全部來自東印度，例如規納卽其一。一九三六年自東印度輸至美國之貨品，胡椒佔美國輸入百分之九十六，木棉佔百分之八十八，籐佔百分之八十八，西穀米佔百分之八十三，油棕櫚佔百分之八十三，烟草佔百分之九十二。一九二九年美國由東印度輸入之橡皮佔橡皮總輸入百分之十五至二十之間。一九四〇年增至百分之三十五。一九四〇年由東印度輸入之錫佔百分之二十。再以東印度方面而論，一九三〇年輸往美國之橡皮價值七千萬盾，一九三八年減為四千六百萬盾，一九三九年增至八千九百萬盾，一九四〇年增至一萬萬九千九百萬盾。十年來美國皆佔東印度橡皮輸出之首位，而今日東印度百分之六十之橡皮已爲美國所購買。又如規納，一九三〇年東印度規納輸往美國者甚少，一九四〇年卽達六百八十萬盾，佔東印度規納輸出百分之三十三，而居首位。如錫一九三〇年輸往美國者僅值三十萬盾，一九四〇年增至二千六百八十萬盾，佔總輸出百分之六十四。他如茶一九四〇年輸往美國者爲九百九十萬盾，佔總輸出百分之三十三。油棕櫚爲五千六百萬盾，佔百分之五十七。莢爲八百五十萬盾，佔百分之六十。西沙麻爲七百四十萬盾，佔百分之五十九。木棉二百二十萬盾，佔百分之七十二。胡椒爲一百二十萬盾，佔百分之四十。

美國輸入東印度之貨品有工業機械、金屬品、化學品、飛機等，但遠不如東印度貨品輸往美國之多。近年來，美國對東印度入超，年在四千萬金元至五千萬金元。一九四〇年更達一萬萬四千萬金元。是年上述各種貨品，美貨佔東印度輸入百分之六十以上。一九二〇年美國輸入東印度之貨品，以肥料爲最多。一九三三年至一九三六年，美國飛機輸入東印度者爲八十六架，同一時期自荷蘭輸入二百架。一九三七年東印度自美國購買一百七十一架飛機，自荷蘭購買一百四十七架。一九三八年自美國輸入一千一百零八架，自荷蘭輸入八百十一架。一九三九年美國供給東印度以百分之四十一之飛機，百分之三十九之焦炭，百分之三十一之紙，百分之五十之鋼鐵，百分之六十二之汽車，百分之二十九之化學品。一九四〇年美貨輸入東印度更多。

第四項　東印度與英帝國之貿易

（一）概　說

東印度介乎英帝國各部版圖之間，東接英屬西南太平洋各島嶼，西北與印度緬甸遙相呼應，北與英屬婆羅洲馬來亞爲鄰，南隔阿拉富拉海與澳洲遙相對峙。從地理言東印度無異爲英帝國遠東各部所包圍。從交通言，東印度實爲英帝國各部之連絡線從經濟言東印度實爲英帝國資源之供給地。從貿易言東印度無異爲英帝國商品之吞吐地。從外交言，東印度乃英帝國遠東各地之緩衝地。東印度之依賴英帝國，亦猶英帝國之需要東印度也。試觀東印度與英帝國各部之貿易，若干年來，皆超越其他各國與東印度之貿易。英帝國各部在東印度之利益，實遠過于其他各國之利益當一九二〇年，英帝國包括英本國、印度、新嘉坡、澳洲、香港各部，輸入東印度之貨品達四萬萬一千萬盾，較之佔輸入首位之荷蘭，僅爲二萬萬六千三百萬盾者，已超過百分之五十六。在輸出方面是年東印度輸往英帝國各部者，更達八萬萬七千萬盾，較之佔輸出首位之荷蘭僅爲三萬萬五千四百萬盾者，更達二倍半之多。此後二十年中東印度輸出之貨品，皆以英帝國爲第一，故英帝國對東印度之輸出貿易，可謂爲數十年來皆獨佔第一位。至于輸入方面在一九三二年以前，英帝國各部皆佔輸入之首位。至一九三三年後，情勢大爲改變日本已超過英帝國各部之輸入而佔首位。此種情勢，直至一九三七年尙未改變。一九三八年與一九三九年英帝國各部之輸入，又回復第一位。一九四〇年因歐戰吃緊之關係，英帝國各部貨品之輸入東印度，遂爲之減少。是年美國與日本已代英帝國而佔輸入之第一二位。

（二） 東印度與英本國之貿易

在經濟恐慌以前，東印度輸往英國者，以橡皮佔最大部分。一九三九年茶與橡皮佔輸出之五分之三，其他有錫與石油。橡皮輸出量雖有減低趨勢，然其値則有增加，由一九三五年之一千一百萬盾，增至一九四〇年之二千三百萬盾。胡椒量値均大減少，自一九三四年之二百六十萬盾，減至一九三九年之六十六萬盾。惟石油與棕櫚油則輸出增加，即十年間自二百二十萬盾增至三百六十萬盾，棕櫚油自二百萬盾至二百五十萬盾。一九三〇年英國與東印度之貿易協定，規定東印度貨品之市場範圍。一九三九年英國對東印度貨品之消費量爲棕櫚油百分之十六，茶百分之七，橡皮百分之六，錫百分之四，石油百分之三。第二次大戰發生後，英國購買量大爲增加，一九四〇年規納增至二百二十萬盾，而十年前僅八十萬盾。

由英輸入東印度者以棉織品爲最，一九二九年佔東印度棉織品輸入百分之四十五。一九三三年減爲百分之七，僅七百萬盾。一九三九年增至百分之十二，但其値減至六百三十萬盾。一九四〇年增至百分之十二，値八百萬盾。棉織品自英輸入東印度，雖爲最大輸入，但僅佔英貨輸入東印度全部三分之一而已。英國金屬品，一九二九年輸入東印度爲一千八百萬盾，一九三九年減爲七百萬盾。其他機器鋼鐵亦大降低。是年英國並失去東印度之香烟市場。

上述乃兩國貿易品之分析。至于東印度與英國之總貿易，在輸出方面，當經濟景氣前，常在一萬萬二千萬盾至一萬四千萬盾之間。不景氣後，遂發生劇烈之跌落，一九三三年竟跌至二千六百萬盾。此後則常在三四千萬盾之間。一九四〇年因戰時英國需要大批物資之關係，增至五千五百萬盾。在輸入方面亦同此現象。經濟恐慌前英國輸入東印度之貨品常在一萬萬盾左右，但在一九二〇年則超過二萬萬盾。經濟恐慌後，遂亦慘跌。此後十年中常在三千萬盾。一九四〇年因戰時與東印度物物交換之關係，仍爲三千五百萬盾。茲將十二年來英國與東印度之國際貿易列之如左表：

年別	由英輸入東印度		由東印度輸往英	
	價值(百萬盾)		價值(百萬盾)	
一九四一半年	二〇、六	九、九	一九、九	四、四
一九四〇	三六、〇	八、一	五五、二	六、三
一九三九	三三、三	七、〇	三四、二	四、六
一九三七	四〇、九	八、三	五〇、〇	五、三

一九三三	三〇、六	九、六	二六、〇	五、三
一九二九	一一七、〇	一一、〇	一二七、七	八、八

（三） 東印度與新嘉坡之貿易

新嘉坡與東印度在地理上僅一水之隔，而新嘉坡又爲南洋地理上之中心貿易之散集地，故新嘉坡與東印度之貿易特盛。東印度之貨常由新嘉坡轉口銷行于歐亞美各洲，而歐亞美各國之貨又常由新嘉坡轉口以銷行于東印度。一九二〇年經過新嘉坡之東印度貨品爲百分之二十。一九三七年至一九三八年減至百分之十七至十八，量亦減低。一九二九年輸至新嘉坡之貨共二百五十五萬四千噸。一九三七年至一九三八年減至十萬噸。橡皮輸至新嘉坡者，由一九二九年之十三萬五千噸，降至一九三九年之九萬五千噸。共價値亦由一九二九年之七千八百萬盾減至一九三九年之四千八百萬盾。一九四〇年又增至八千萬盾，以是年轉口于美國者特多，蓋美國已厲行軍需工業動員也。石油輸往新嘉坡者，一九三〇年爲九千二百萬盾，一九四〇年減爲三千四百萬盾。錫一九二九年爲四千五百萬盾，此後則低至三四百萬盾，一九四〇年又升至三千五百萬盾。椰干之輸出，較十年前增加一倍，但糖及胡椒則大減少。

輸入方面，在昔以紡織品之轉口貨爲大宗，一九二九年爲二千四百萬盾，一九四〇年低至六十萬盾，共比例已降爲四十分之一。一九二九年新嘉坡轉口之米價値爲二千一百五十萬盾，一九四〇年減至一百四十萬盾，已低落至十四分之一。魚干十年前爲一千五百萬盾此後則常在八百萬盾左右但一九四〇年則低至一百二十萬盾。

東印度與新嘉坡之貿易，輸出常多于輸入。一九二九年輸出爲三萬萬盾，輸入則爲一萬萬一千萬盾，出超一萬萬九千萬盾。此後雖在經濟不景氣期中之一九三三年，輸出亦達七千八百萬盾，輸入則爲三千五百萬盾。一九四〇年輸出爲一萬萬八千四百萬盾，輸入爲一千四百萬盾，出超一萬萬七千萬盾。一九四一年之上半年，輸出爲一萬萬零九百萬盾，而輸入則爲四百萬盾。故新嘉坡在東印度貿易地位上甚爲重要。

（四）　東印度與印度澳洲及新西蘭之貿易

印度，緬甸自東印度輸入之貨品爲蔗糖、咖啡、石油等。但今日印度糖已能自給自足，故爪哇糖大受打擊。一九二九年東印度蔗糖輸往印緬者計一萬萬三千二百萬盾，佔輸出百分之九十二。一九三六年減至四百三十萬盾。其中錫蘭佔半數而量亦大減。咖啡輸入印度者，一九二九年爲三百六十萬盾，一九四〇年降至五十萬盾。至于由印緬輸入東印度之貨，一九二九年紡織品爲二百四十萬盾，一九三七年減至一百萬盾，一九二九年由印度輸入東印度之貨總共爲六千萬盾，一九四〇年減至一千五百萬盾。在輸出方面，一九二九年由東印度輸往印度者爲一萬萬四千四百萬盾，一九四〇年僅一千三百萬盾。故今日印度在東印度貿易上已失其重要性。

近十年來東印度與澳洲及新西蘭之貿易，漸臻密切。澳洲及新西蘭輸入東印度者，多爲製成品而東印度輸往澳洲及新西蘭者則以石油及茶二種爲最多。其中澳洲輸入東印度茶較多。但在石油方面，則次于新嘉坡成爲東印度之第二大顧主。石油之輸往澳洲，年在一千五百萬盾至二千萬盾。茶則在一千二百萬盾左右。東印度與澳洲及新西蘭之貿易，一九二〇年輸出爲一萬萬盾，輸入爲三千五百萬盾。一九三三年輸出爲一千九百萬盾，輸入爲一千萬盾，較之十年前已退減甚多。此後若干年來，輸出常在四千萬盾左右，輸入則爲約一千五百萬盾。一九四〇年輸出佔東印度總輸出百分之四·三，輸入佔東印度總輸入百分之三·八。惟東印度在澳洲及新西蘭與新嘉坡之間爲一重要之居間人，不可忽視。

第五項　東印度與德國之貿易

（一）　二十年來東印度與德國貿易之演進

第一次大戰前，自德國輸入東印度之貨，佔東印度總輸入百分之五。大戰後，進而爲百分之十。直至一九三九年仍維持此比率，已繼日、荷、美而列于國別貿易之第四位。至于東印度輸往德國之貨品，二十年來皆維持于佔總輸出百分之三。然其輸出則不如輸入之大。一九二九年由德國輸入東印度者爲一萬萬一千六百萬盾，由東印度輸往德國者爲三千八百萬盾。一九三九年輸入仍達四千萬盾，而輸出則爲一千四百萬盾。德國貨輸入東印度者多經過荷蘭。一九三七年後，德國與東印度之貿易包括在荷蘭貿易之中，因此東印度與德貿易之貨物皆受限制。

東印度輸往德國之重要貨物爲橡皮及椰干，佔全部輸德貨物百分之七十至八十。年來橡皮輸出價值雖減，但量則增加。一九二九年輸出量爲八千噸。一九三六年爲九千六百噸。一九三七年則增至二萬二千噸。一九三八年爲二萬四千噸。而共價值，一九二九年爲七百二十萬盾，一九三八年亦僅一千萬盾，一九三九年爲七百萬盾。椰干輸出量，一九二九年爲九萬噸，值一千九百三十萬盾；一九三七年爲五萬八千噸，一九三八年爲十萬噸，兩年共值皆爲七百萬盾。椰干輸德佔全部輸德貨物百分之二十八。此外一九二九年硬質纖維輸德值二百萬盾。一九三八年值一百五十萬盾。鐵礬土輸德。一九三八年值一百三十萬盾。

由德國輸入東印度之貨物，一九三〇年較一九二〇年爲低，一九四〇年較一九三〇年又低，且其貨值波動甚大。一九三〇年德國之工藝用具佔全部輸入三分之一至四分之一之間。一九三八年值一千五百萬盾。是年金屬及機器代之而起，值一千零七十萬盾，此二種貨物佔德貨輸入之半數。次爲化學藥品等，是年輸入值九百八十萬盾。一九三八年車輛之價值突增至一九二九年之一倍，爲六百三十萬盾，其中飛機佔二百萬盾。德國啤酒向馳名于世，曾一度大量輸入東印度，其結果被東印度自製之啤酒起而代之。德國之工業品曾稱雄于東印度。中雖爲日美貨品所競爭，但一九三八年德國顏料佔東印度輸入百分之五十四，機器佔百分之二十三，鋼鐵製品佔百分之二十，化學藥品佔百分之十九。機器方面次于德國輸入者爲荷蘭與美國。一九三九年大戰起，後美國遂代德荷而佔機器輸入之首位。

第四節 金融

第一項 貨幣制度

（一）東印度貨幣制度發行經過

在昔東印度公司時代，東印度之貨幣制度異常紊亂，多發行不兌換紙幣，及濫發銅貨，强使人民流通。及公司解散後，荷蘭政府接管東印度，不特公司發行之紙幣及銅貨賡續流通，且更增加紙幣之發行額。一八一一年英人佔領爪哇後，英國貨幣遂流通于東印度。一八二六年東印度以荷蘭盾爲貨幣後，荷蘭貨幣遂大爲流通，但東印度原有之紙幣及銅幣流通更大，故兩者之交換殊多滯碍。一八二八年爪哇銀行成立後，有發行紙幣之特權。惟據爪哇銀行特許法規定銀行股款須用金銀貨繳納，而貿易業之輸入品代價亦須以金銀支付之。因之金銀之需用甚大，故政府一方竭力增發銅貨，以資國內流通，而他方則金銀流出甚大。于是銀行之金銀庫存爲之鋭減，一八三七年僅剩一萬餘盾。反之政府發行之銅幣，則自一八一八年至一八四二年增至四千餘萬盾。紊亂之原因，蓋由于爪哇銀行之特許法，並未規定其發行額及準備金耳。一八三四年政府規定銅幣六盾可兌換銀幣五盾。一八四六年政府始發行一盾至五百盾之臨時證劵，以此證劵一盾可兌換銅幣一百二十生，蓋欲藉此以減少銅幣。一八五四年之貨幣法，復規定荷蘭之盾爲東印度之貨幣單位。荷蘭之二盾半、一盾、五鈁、二鈁五、一鈁五等銀幣，在東印度爲無限制法幣。此外五生及二生之合金貨幣，一生及二生半之銅幣，亦爲補助貨幣。一八六〇年至一八七〇年之十年中，因東印度通貨政策之錯誤，及荷蘭政府對東印度政策之錯誤，貨幣發生種種問題，而引起一八八四年之恐慌。銀本位之存否問題，漸爲人所注意。一八七一年德國改爲金本位後，荷蘭繼之。一八七五年規定重量九三、三二格林，成色九〇〇之十盾金幣爲本位貨幣，確定金本位制。惟東印度之金本位制與荷蘭不同，嚴格言之，實爲金匯兌本位制。蓋銀行方面用之兌換銀行劵時，則用銀幣，金幣不見于市場，僅爲對外匯兌決算時始用之耳。一九一二年東印度政府以總督令修正貨幣法，東印度貨幣遂與荷蘭分離獨立。一九一四年東印度禁止金輸出，一時停止金本位制。一九一九年又修正貨幣法，並發行小額紙幣，票面爲二盾半及一盾，惟現已停止。一九二四年東印度恢復金本位。一九三六年法國放棄金本位制度後，荷蘭及東印度繼之，而成爲法幣制矣。

（二）貨幣種類

東印度貨幣種類分爲二種。一爲有法幣之資格者，爲金幣十盾、五盾、銀幣二盾半、一盾、五鈁，是爲無限制法幣；銀幣二鈁半、一鈁、鋅幣五生、銅幣二生半、一生、半生，是爲補助幣。二爲無法幣之資格者，卽爲昔日歐洲流行之金幣。金貨幣准許人民自由鑄造，且承認其爲本位貨幣，但實際上金貨幣並不在市面通行，而流通者爲無限制之法幣、銀幣及補助幣。金幣僅爲維持及調節東印度貨幣對外價値，而保存于東印度及海外者。換言之，東印度之金匯兌本位，乃運用爪哇銀行之發行制度時，操縱儲存于海內外之硬幣，以買賣外幣而安定東印度貨幣之對外價値。故銀幣及補助幣，祗政府有鑄造權。銀幣皆係由荷蘭本國製造。銀幣以外之小貨幣，由殖民大臣及財政大臣所構成之委員會規定其流通額。鑄造此小貨幣所得之利益，存爲基金，用以購買國債及政府證券。又廢貨幣之損失，亦由此基金補償。據貨幣法之規定，此種損失由荷蘭及東印度分擔。一九〇一年荷蘭貨幣法曾規定，自一八八四年以來，財政大臣在東印度貨幣狀態必要時，可鎔解二千五百萬盾之二盾五鈁金幣，由荷蘭銀行賣出。此法規定之目的，在防止小貨幣超過時所引起貨幣之崩壞。

第二項　東印度之銀行業

（一）概　說

東印度之銀行業，非第從事商場之活動，且兼謀農園之放款。于是農園經營，乃得充分利用科學方法而集約化。又施行委託販賣制度，舉凡與銀行有關係之農園，其生產品之販賣，咸由銀行代理之，既免遺誤商機，而又節省費用。故東印度農業得有今日之發達者，銀行業與有力焉。中以荷蘭系之銀行獨佔勢力，次爲英、美、日等國之銀行，在商業上亦有相當之勢力。我國銀行雖亦有相當之規模，但不能與英、美、荷、日系之銀行競爭，以資本脆弱，而鉅大僑資未能聯合故也。其情形詳于第九章第二節第三項第三目。

（二）東印度之中央銀行——爪哇銀行

爪哇銀行成立于一八二八年，爲東印度政府所設立者，故爲東印度之中央銀行，亦爲銀行之銀行。華僑稱之爲大公銀行，有發行紙幣之特權。銀行所在地方，有無報酬辦理政府出納之義務。對于政府債券之發行，無報酬辦理。對政府無利息貸款六百萬盾，在各地分行之間，無報酬代政府輸送現金，在荷蘭與東印度間，平價輸送政府資金，並繳納一定利潤于政府。資本九百萬盾。一九〇六年銀行特許法復有更改，根據與銀行之協定，總督得指定地方設立分行。于是泗水、三寶瓏、萬隆、棉蘭、巨港、錫江等處，均有分行。準備金爲紙幣原額五分之三，而放款範圍同時亦加擴張，得以船貨及倉庫提單抵押放款，且于特別情形時，得以適于轉賣或擔保借款之債權書據爲放款之擔保。一九一四年恐慌時，爪哇銀行能得彰大其信用者，即以此也。又凡東印度現行之近式活用支票往來轉賬制度，及票據交換制度，亦爲爪哇銀行所倡設。一九〇九年爪哇銀行與政府間之平價契約已有變更，卽一方取消平價撥款之最高限度，而他方政府撥匯之款項，則全部由該行經手。一九四一年金銀準備爲三萬萬九千三百七十萬盾，紙幣流通額爲二萬萬五千五百萬盾，存款及放款爲三萬萬一千八百萬盾，貼現爲一萬萬八千四百七十萬盾。

東印度之郵政儲金局，亦辦理銀行業務，與世界各國同。一九四〇年有存戶五十二萬零四百戶，儲金總數爲五千萬盾。

（三） 荷蘭系之銀行

東印度之荷蘭系銀行，最佔勢力者，爲荷蘭貿易公司，又名荷蘭銀行，華僑稱之爲小公銀行。在東印度之金融地位，僅次于爪哇銀行。一八二四年先于爪哇銀行而成立。時適遭英國佔領爪哇之際，荷蘭商人在東印度之貿易極形不振。有荷人蒙亭氏者，東印度之評議員也，對之深爲憂慮，乃歸國向荷王威廉一世建議，必須創辦銀行，爲之扶助。國王大爲所動，獨自認股四百萬盾，以爲提倡，且允自一八二五年起，保持百分之四·五之紅利。故認股者異常踴躍，一日之間，竟達七千萬盾。該行雖爲私立銀行，因其包辦國營生產及官賣鴉片，並具供應政府一切物品之權，故其地位甚爲重要，獲利亦厚。其後政府委託販賣品減少，乃經營農業投資與農業放款，以取得農園委託販賣權，又因資本雄厚，信用昭著，乃從事商業放款，證券投資，國際匯兌等。致一九二三年農業投資及放款爲六千萬盾，商業放款爲一萬萬七千萬盾，匯兌爲二萬萬盾，證劵投資爲五千萬盾，存款爲三萬萬七千萬盾，公積金二千萬盾，糖廠及其他公積金三千萬盾，造成今日東印度最大及最老之拓殖銀行。一九三三年因受世界不景氣之影響，虧蝕七千五百萬盾，爲彌補此項損失起見，乃將原有資本八千萬盾減爲三千五百萬盾，以抵償之。總公司設于荷京海牙，巴達維亞設有總分行，東印度其他各地亦多設有分行或代理處。

其次爲荷印貼現銀行，譯名爲厄斯康多銀行，或譯爲公篤銀行。成立于一八五七年，初僅收足資本五千盾，後以經營之得宜，營業進步，乃迭增資本，一九二三年已增至四千七百萬盾，一九三三年因減除呆賬及不良資產，乃減爲一千三百五十萬盾。該行爲純粹之商業銀行，自開辦以來，從未投資于農業或其企業，故其他實業銀行歷次遭遇之困難，獨該行無與也。荷印貼現銀行向有商人避難所之稱，以其放款較鬆故也。然以辦理得法之故，雖往來商戶中有信用較爲薄弱者，但該行從未蒙重大之損失，反因收費較昂而獲得莫大之利。

再次爲荷印商業銀行，又譯爲安達銀行，爲羅特丹工商公司所分設。資本爲一千二百萬盾，最初收足半數，成立于一八六四年。其營業除一般之銀行業務，農工商業放款外，兼投資于鐵路之建築，勿里洞錫礦之開掘。一八八四年因放款過鉅，致遭糖業恐慌之失敗，乃以農業投資讓于新公司之農業公司，自身則純粹經營銀行業務。後以農業公司有顯著之進步，舉凡公司物產皆委託荷蘭商業銀行販賣，于是營業大進。一九二〇年資本竟達五千五百萬盾，一九三五年減爲三千三百萬盾。

他如荷京商業公司，成立于一八七九年資本四千萬盾，以經營農園爲目的。皇家殖民地農業公司，成立于一八八八年，資本二千萬盾，以經營農業投資與放款爲目的。殖民銀行成立于一八八一年，資本一千六百萬盾，以經營農園及農業放款爲目的。日里公司成立于一八六九年，資本二千五百萬盾，以經營農園爲目的。總之東印度之荷人系銀行，除經營銀行業務外，多以農園投資爲主。

（四） 英美系之銀行

英國系之銀行，在東印度以滙豐、渣打爲最重要，有利次之。滙豐成立于一八六四年，原名香港上海銀行。本爲英商怡和、仁記等洋行招募我國商人所合辦，嗣華商股份陸續讓與英商，現殆全部入于英商之手。總行設于香港。分行偏設于世界各通商口岸，尤以遠東及南洋各島爲多。在東印度則吧、泗兩埠設有分行，資本爲二千萬港元。其目的在發展英國商業于遠東，尤以我國爲重要營業區域，爲英國對華貿易機關，並取得經理我國賠款年金，收付鐵路債款，及發行紙幣之特權。該行又爲香港政府代理國庫，並有發行紙幣之特權，又被委託管理海峽殖民地之金庫，兼具發行紙幣特權，爲世界最有力之滙兌銀行。因其營業不經營農礦業之投資，故在爪哇糖業及馬來錫業恐慌時期，未受影響。此研究南洋金融者所不可忽視者也。

渣打銀行成立于一八五三年，資本三百萬鎊，總行設于倫敦。初置分行于香港，譯爲渣打銀行。一八五七年更設分行于上海，因第一任總經理名麥加利，故稱之爲麥加利銀行。在我國之外國銀行以此行開設最早。其營業目的在便利英人在澳洲、印度、中國等處經商者，故其營業以存款、放款、匯兌爲主，爲純粹之商業銀行，兼發行鈔票。該行又被委託管理馬來諸邦之金庫，及辦理各邦政府對于英本國匯款事宜，並調理地方之金融。有發行紙幣之特權。在東印度吧、泗、壠、棉蘭數處設有分行。

美國之國際銀行，吾國人向稱之爲花旗銀行，成立于一八一二年，資本一萬萬二千五百萬金元，總行設于紐約，在巴達維亞設有分行，爲純粹之商業銀行，以辦理有關美國與東印度商業上之匯兌貼現等事宜。一九二七年與紐約國家銀行合併，改稱紐約國家銀行，但華文名則仍舊。

（五）　日本系之銀行

日本系之銀行，在東印度者有正金銀行、台灣銀行、三井銀行、華南銀行等，用以經營日本與東印度商業上之匯兌及貼現等事。華僑之與日本貿易者，亦多以此等銀行往來。其中以前二者最佔勢力。正金銀行爲日本經營國際匯兌之專業銀行，在明治初年此種業務，皆爲外國銀行所操縱。一八八六年乃成立斯行，以收回權益，並以承受海外國庫金及辦理政府外債之發行，及依照政府之外匯政策，領導民間匯兌銀行，以經營外匯業務。資本爲一萬萬日元。總行設于橫濱，在東印度于吧、泗、壠設有分行。

臺灣銀行係日本爲開發臺灣資源而設，亦爲侵略其鄰近區域之經濟而設。成立于一八九九年，資本爲一千三百萬日元。總行設于臺北。分行設于我國各商埠，尤注重于我閩粵二省及南洋羣島。在東印度設有分行者，爲吧、泗、壟、三處。一九二七年發生恐慌，曾一度宣告停業，旋得日本政府援助，始告復業。

第八章　東印度各島經濟之發展

第一節　內領經濟之開發

第一項　爪哇經濟鳥瞰

（一）地　誌

吾人于我國史乘上所見之爪哇國，卽今日之爪哇島是也。爪哇爲東印度最富裕之區，無論在政治上經濟上交通上均經長期之經營與開發，而入于美善之境，爲世人所稱道。位于東經一百零五度十三分至一百十四度三十九分之間，南緯五度五十二分至八度五十分。東隔巴利海峽與小巽他羣島遙相對峙。西爲巽達海峽與蘇門答臘僅一水之隔。北臨爪哇海，南臨印度洋。由東至西長凡九百八十七公里。由南至北，最闊處爲一百九十公里，最狹處爲六十公里，爲一狹長形之島嶼。面積僅五萬方哩，合一十三萬二千一百七十四方公里，佔東印度總面積十五分之一，與吾國安徽省大小相若。而人口在一九四〇年已達四千八百萬，佔東印度總人口百分之六十四。其密度每方哩平均可得九百六十人，較之婆羅洲每方哩僅有十一人者，誠有天壤之別。因爪哇爲世界人口最密之區，其最足引人注意者，卽爪哇居民皆多住于鄉村，少住都市，非如倫敦、紐約人民之多住都市而少住鄉村。

（二） 生產與貿易

爪哇人口雖多，而于生產上並無不敷之虞，且有大宗之農產以輸出國外。其原因實爲自然條件與人爲條件兩種所造成。因爪哇地爲火山帶北岸爲沖積層，泥沙極厚，故適宜于農產之培養。加以火山終年噴出之肥土層，使田野常保持其肥沃成分，而且雨量豐富陽光强烈氣候温和，溪谿通暢，河流遂成爲平地上自然之灌溉，故一年中有若干處年可收穫三次，少亦可收穫兩次。至于人爲之力量，荷人治理東印度，首先經營爪哇，歡迎外資，以資開發。一九三〇年外人投資在爪哇者已達八萬萬盾，遂造成爪哇今日有大宗農產之輸出。蔗糖其最著者也，一九三九年輸出值七千八百萬盾，一九二八年爲三萬萬七千六百萬盾，一九二〇年更達十萬萬盾。人民之依蔗糖業爲生者佔十之六七，故有左右全島經濟之趨勢。規納、木棉其特產也。前者佔世界生產百分之九十以上，一九四〇年輸出值二千七百萬盾。吾人苟一參觀芝宜汝安之規納廠，則覺其規模之宏大，堪稱世界第一。後者佔世界生產百分之七十七，一九三七年輸出值七百萬盾。他如爪哇米一九四〇年有十八萬七千噸輸往外島，佔總輸出百分之七十四。茶有五萬六千公噸，佔總輸出百分之七十五。橡皮有九萬噸，佔總輸出百分之三十七。咖啡有五萬四千噸，佔總輸出百分之八十九。硬質纖維有二百八千噸，佔總輸出百分之三十三。茨有三十萬公噸，佔總輸出百分之百。爪哇在昔之輸出，常多于外島各大島之總和。一九一三年東印度總輸出爲四萬萬二千萬盾，而爪哇即佔二萬萬七千萬盾，已佔總數百分之六四・三。一九二八年總輸出十二萬四千萬盾中，爪哇仍佔百分之五十八。及世界經濟不景氣後，糖業衰落，爪哇已失去其經濟上之支柱。一九三五年外島輸出增加，而爪哇反形減少。是年總輸出二萬萬九千四百萬盾中，爪哇僅佔一萬萬三千三百萬盾，而外島反佔一萬萬六千萬盾，已超越爪哇而上之。此後數年爪哇輸出皆少于外島。一九三九年外島輸出爲二萬萬六千八百萬盾，而爪哇則爲二萬萬二千七百萬盾，爲五十四與四十六之比。又以人口衆多，故消費量甚大。十年前輸入常在四萬萬盾，現則減爲二萬萬盾。輸入多爲紡織品、機器、鋼鐵食品車輛等。爪哇農田面積，一九四〇年爲二千二百餘萬英畝，即每人平均約得半英畝。惟爪哇有用之土地已經利用完盡，若思增加生產，惟有在地質上加以改良。故時至今日，爪哇之生產能力，似已達到最高度，非如外島之正待開發也。

（三）　國民經濟及其他

當一九三〇年前，爪哇之國民經濟，每年進款約二十五萬萬盾。內十五萬萬盾，得自印度尼西亞人之各種農業，八萬萬盾得自外人之企業，二萬萬盾得自政府及其他各項職業。其不歸入于印度尼西亞人之進款十萬萬盾中，四萬萬五千萬盾係償付利息及添購生產用具之用，三萬萬盾歸于歐洲人，兩萬萬五千萬盾爲華僑之收入此種鉅大之收入，遠非外島所可及也。

境內分東爪哇、西爪哇、中爪哇三省，及梭羅、日惹二特區。特區卽蘇丹之自治區域。語言在西爪哇用巽達語，中爪哇用爪哇語，東爪哇則用馬都拉語。此爪哇人之方言也。若其他外僑，則各用其本國之語言。華僑在東中爪哇者多閩籍，常用漳泉語；在西爪哇者多爲嘉應五屬籍用客語中亦有衆多之廣肇籍僑胞，操廣州語。至于政治上則通用荷蘭語及馬來語。人種則因其語言而別。河流雖不甚長大，以疏濬得宜，于灌溉之功甚大。著者旅居南天九載，曾未聞爪哇有水旱災象者。于此可見荷人對于水利之講求有以致之。吾國治農事者，當可引爲龜鑑。氣候因地處熱帶，終年炎熱，無四時之分。濱海之區，尤感酷熱之苦，故人多日以冷水浴二次，名曰沖涼。若山區地帶，如牙律、峇突、拉灣，則又如吾國之深秋焉。温度常在六七十度左右。

（四）交　通

鐵路、公路密如蛛網，計鐵路長達三千五百哩，佔東印度鐵路總長百分之七十七。鐵路建築費爲六萬萬五千萬盾，佔東印度鐵路總建築費百分之七十六。公路長達二萬萬七千公里，築路費亦達一萬萬盾。然爪哇人之勞力，固未計算在內也。回憶百餘年前路政未闢時，由爪哇西部至東部，常須四十餘日者，今因火車汽車之便利，兩三日已足。至于航路，內洋航行有荷印王家輪船公司之船隻由吧泗瓏三大埠定期開往東印度各港口；外洋航行，則有荷蘭及各國郵船公司之船隻往來于歐美亞澳各洲間，亦以吧泗瓏三大埠爲停船之港口。故爪哇水陸交通之便利，均爲東印度各島之冠。航空始于一九二四年，由荷蘭王家航空公司之飛機自荷蘭飛至爪哇。此爲荷蘭母國與亞洲屬地空運交通之第一次。一九二七年更作第二次之飛行，並帶一乘客往返于荷蘭與爪哇間。于是八千浬之行程，費時須二十五日者，已縮短爲八日矣。邇來更有縮短爲四日之計劃。一九二七年阿姆斯特丹組織荷蘭東印度民用航空公司，經營東印度境內之航空事業，以爪哇爲中心；而荷蘭王家航空公司則經營歐亞之航空事業，亦以爪哇爲目的地。在吧城、泗水、三寶瓏、巨港、棉蘭，均有設備完善之飛機場。在爪哇更有三十處之降落地，而海陸軍飛機場，民航均可借用。故航空事業甚爲發達。一九四四年爲荷蘭王家航空公司二十五週年之紀念。該公司于一九二一年在阿姆斯特丹爲世界飛機票設立售票最早者。一九三四年荷蘭王家航空公司參加著名之麥克魯蘇空中競賽。該公司第一架道格拉斯飛機，自英國之密爾頓赫爾至澳洲之墨爾鉢，造成三日十八小時十七分鐘之新紀錄。同年該公司之福克飛剪號開始航行于阿姆斯特丹至古拉索間。一九三八年荷蘭王家航空公司與荷印王家航空公司聯合作荷蘭與澳洲間最迅速之空中聯絡。第二次大戰，給予荷蘭王家航空公司之打擊甚大，但該公司之民間航空並未間斷。總公司最初曾遷往紐約，繼又遷倫敦。倫敦與里斯本間之重要空中聯絡，亦係由該公司所擔任。一九四〇年至一九四四年已達二千二百五十次之多。該公司在西印度羣島與南美各國間之航空網甚爲廣大，並有古拉索至美國南端之航空線。

至于荷蘭戰後計劃，可于一九四四年芝加哥之國際民間航空會議見之。荷蘭代表所提出未來航空線之建議，曾計劃發展三十九條直接之航空路線至地球各處，故荷蘭在國際空運中將處于一重要地位。茲將其關于東印度者敘述如下。

（一）阿姆斯特丹至巴達維亞線……由阿姆斯特丹中經馬賽、羅馬、雅典、開羅、巴格達、巴士拉、亞斯開特、喀剌基。以下分為兩線：（甲）經德里、加爾各答、仰光、曼谷、檳榔嶼與棉蘭。（乙）經麻打拉斯、哥倫坡及棉蘭等處。

（二）美國太平洋沿岸至東印度線……由舊金山經火奴魯魯、馬紹爾群島或吉爾貝群島、荷蘭諦亞至巴達維亞等處。

（三）蘇利南至非洲與東印度線……由巴拉馬利坡、經那塔爾、自由城、拉哥斯（尼日利亞）、乍得湖（法屬西非洲）或喀拿（尼日利亞）、喀吐穆（英埃蘇丹）、沙拉珙、喀剌基。以下分為兩線：（甲）經德里、加爾各答、仰光、曼谷、檳榔嶼及棉蘭。（乙）經麻打拉斯、哥倫坡及棉蘭等處。

（四）菲律賓至東印度線……中分兩線：（甲）由馬尼拉經打拉根至巴達維亞。（乙）由馬尼拉經宿務、納卯、萬鴉老、安汶等處。

（五）東印度與中國日本線……由巴達維亞經新嘉坡、西貢、河內、重慶或經北平、上海、東京等處。

（六）東印度至新嘉坡與中南半島線。

（七）東印度至新嘉坡海峽殖民地線……中分三線：（甲）由巴達維亞經新嘉坡。（乙）由坤甸至新嘉坡。（丙）由棉蘭至新嘉坡或檳榔嶼等處。

（五）工　業

工業雖甚幼稚，然在一九四〇年全島有一千六百六十九所工廠，佔東印度工廠總數百分之六十五；純粹工人十四萬五千人佔東印度工人總數百分之八十三。關于此點吾人必須特別申述者，爪哇重工業輕工業雖不甚發達，然其農園工業則頗具規模。如糖廠每廠資本常在數百萬盾，製糖方法皆以新式機器為之，有日出糖一萬擔者。十年前爪哇糖廠共有一百七十九所。一九三五年減至三十五所。一九四〇年回復九十七所。他如茶米各廠規模亦大。一九三五年雖為東印度不景氣最盛之一年，但爪哇仍有茨粉廠一百二十所，橡皮廠一百四十四所，咖啡廠五十五所，茶廠二百四十四所，米廠四百二十七所，纖維廠十六所，木棉廠五所。

（六）教　育　共　他

政治區域為巴達維亞，以總督及中央政府在焉。商業繁盛之地，則獨稱泗水。此東印度之第一大商港也。華僑資本雄厚之地，則讓三寶壠，蓋已故糖王黃仲涵氏經商于此焉。銀行業亦甚發達，除荷蘭之各大銀行如爪哇銀行、荷蘭銀行、安達銀行等十餘家外國銀行如中國銀行、華僑銀行、匯豐銀行、花旗銀行、台灣銀行、東方匯理銀行，亦多設分行于此，以爲各該國商業上金融之總匯。教育則由小學而中學而大學，不下萬餘所。惜多已奴化，以忠于荷蘭爲要旨，故認荷蘭爲祖家，認白人爲優越民族，應統治東印度，而鄙視東方其他民族，故不能起而自拔。四十年來東印度辦理教育之成績，在表面上或從荷人方面觀察，似甚進步，但依現代教育原理視之，吾人實未敢多所稱道。至于華僑人數已達百萬人（詳情見第九章）等于西人之五倍。多經營商業與從事工藝及墾植。大而都會市鎮，小而窮鄉僻壤，莫不有其足跡，故爪哇無異國人之第二故鄉。

第二項　爪哇各重要都市經濟鳥瞰

（一）　巴達維亞經濟鳥瞰

巴達維亞，東印度之首都也。原名亞卡德拉。一六一九年荷蘭東印度公司自萬丹移其根據地于此，後乃改稱今名。古名加拉巴，爲一代之王朝名。我元世祖用兵爪哇時，稱其地爲巴城者，蓋卽由加拉巴之巴字音而來也。一九四三年倭寇改名爲爪加爾達。位于東經一百零六度四十八分，南緯六度八分，地居西爪哇省之北。北濱爪哇海。氣候炎熱，溫度最高爲九十七度，最低爲七十四度。市內人口四十餘萬人，華僑佔五分之一，西人佔十三分之一，餘則爲爪哇人。地分新舊二區。新區先稱威德弗里登，今改爲中央巴達維亞區，內多新建築，地濱芝利旺河。

河兩岸之柏油大道，植以終年常青之熱帶樹木。每當晨曦東上，夕陽西下之際，徘徊其間，不禁心曠神怡。西人概住新區，無住舊區者，故新區亦稱爲住宅區。舊區則爲商業區，舉凡銀行業、輪船公司、出入口商，均在舊區。西人朝來工作，入暮卽返。獨華僑則不然，朝夕于斯，孜孜爲利，不稍休息，故舊區亦稱華人區。舊區本有城垣，地亦卑濕，不適宜于居住，當一七三一年至一七五二年間，人民卽傷亡百萬之衆。一八〇八年總督丹恩將軍有鑒于此，乃將城垣拆去，並開闢威德弗里登之地，以爲西人居住，而仍留華僑于此。貿易總額前昔年在四萬萬盾，今則減爲二萬萬餘萬盾，佔爪哇總額百分之四十，但已進而爲東印度商港之第一位，輸出爲一萬萬餘萬盾，輸入爲一萬萬盾。故各國洋商多設分公司于此，以經營其出入口。至于華僑商務，則漳泉籍僑胞多經營土產、布疋、紗籠、裙，廣肇籍僑胞多經營飲食、土木工、影相，長汀籍僑胞多經營中國藥材，嘉應五屬僑胞多經營雜貨、皮革、縫衣、銀匠等。以地方而論，小南門多土產商、布疋商，亞森加大港唇多雜貨商，大南門多出入口商、銀行業、輪船業。班芝蘭、草埔多書鋪、酒菜館、中國藥材鋪，新巴殺多零售洋貨商，老巴殺多零售油米商，紅牌加烈多紗籠裙廠，海口多售輪船水手碼頭工人之酒食及日常用品。政治機關有總督公署、中央議會、中央各部及外國領事館。我國總領事館設立于一九一〇年，館址賃居于丹拿望之民房。總領事既無自備汽車，故必須賃租街車以出入于外交場上，此于國際觀瞻上頗不雅觀。于是華僑卽購新車以獻之。其後華僑屢有建築新厦以獻于領館之議，並擬在舊區設辦事處，以便利華僑商務之接洽與交涉，但迄未實現。學校在政府設立者，有醫科大學、法科大學、師範、高初中及其他荷蘭小學、荷華小學、爪哇人小學等。華僑設立者有八帝貫中華學校、中華女學校、義成學校、廣仁學校、福建學校、平民學校、新巴殺中華學校、老巴殺中華學校、老巴殺平民學校、海口中華學校、海口平民學校、丹拿望中華學校、加烈中華學校、紅牌中華學校等十餘校，或爲中華會館所設立，或爲各幇之會館所設立，或爲書報社所設立。中以八帝貫之中華學校爲最大，簡稱八華，成立于清光緒二十七年，爲吧城中華會館所辦。校址卽在館內。校務以董事部處理之。教務以教務長處理之，不設校長。教員中英文共四十餘人，學生千餘人，男生佔三分之二，女生佔三分之一。中學有三百餘人，餘爲小學。經費年在六萬盾，學費收入佔十分之六，董事及會員月捐佔十分之二，瑪腰公館津貼十分之二。課程則專重英文，高小以上每週授二十四小時，初小每週授十二小時，故英文程度甚高。畢業後，可直接升入北平之燕京大學但因香港與南洋地相鄰近，環境適宜，故畢業之學生常考入香港大學肄業。卽不然，亦可在屬地政府或外國洋行謀薪水較優之工作。無怪華僑重視之。報紙有荷人所辦之荷文日報五家，日銷數千份至一萬份不等。有華僑所辦之巫文新報、競報、商報、華文新報及天聲日報五家，日銷四千份。爪哇人近亦興辦巫文日報數種，專供爪哇人之閱讀。醫院有中央平民醫院、吧城市民醫院、及華僑所設之養生院十餘所。東印度各地之醫院，規模均甚宏大，設備亦完善。且醫學昌明，吧城之政府醫生，極爲人所信仰，無論貧富，均爲之細心診治，于醫生道德，可謂無缺。熱帶病狀甚多，若非政府對醫學之積極注意，則人民之康健，實屬可慮。海口曰丹絨不朵，距吧城東北五哩之遙。其海港建于一八七七年，至一八八三年始完成，需費一千八百萬盾。後經歷年之修築，至一九二三年共費用已達五千六百萬盾。至一九三四年更增至一萬萬盾。有長堤二，各長二千二百五十公尺，伸出海中，以防泥沙之沖積。海港分內外二港，其碼頭共長三千五百六十一公尺。內港爲荷印王家輪船公司及較小之外洋輪船停泊之所，海港面積爲三十五公畝，共分三碼頭：第一碼頭長一千一百公尺，寬一百八十五公尺，吃水八公尺半之船可入。第二碼頭長一千公尺，寬一百五十公尺，吃水九公尺之船可入。第三碼頭長一千公尺，寬二百零五公尺，吃水十二公尺之船可入。外港爲外洋郵船停泊之所，海港面積爲一百四十公頃。其碼頭寬二百五十公尺，吃水九公尺半以上之船可入。船塢有二：一長三千五百呎，寬五百六十呎，可修八千噸之船隻。一較小，僅能修四千噸之船隻。上煤車有四，每小時可上煤至四百公噸之多。起重機分二種：一水面起重機，共三架，一能起重七十五噸，一能起重十五噸，一能起重十噸。二電力起重機，能起重十噸者有二架，能起重三噸至五噸者有二十五架。貨艙毗連如鱗狀，共面積總共爲十二萬二千一百十八方公尺，船可靠岸卸貨入倉，以免駁船搬運之煩。吧城今日海事上之設備，可稱完備。入口船隻年在二千七百艘，容積爲一千五百萬噸，居東印度海上交通之首位。且小運河甚多，均連於大運河，以通吧城。凡貨物起卸後，可由駁船直送吧城市場，以代替火車汽車轉駁之煩勞，與昂貴之運費。海上交通分內洋與外洋航行二種，內洋航行有吧城西婆羅洲線、吧城蘇島西海岸線、吧城邦加線、吧城東南婆羅洲線、吧城西里伯斯麼洛加線、吧城小巽他線。外洋航行有吧城歐洲線、吧城美洲線、吧城澳洲線、吧城西貢線、吧城星洲線、吧城中國日本線。陸上交通，汽車、馬車、電車、小火車、高架電力車、火車、可通行市內外。天空交通因巴達維亞在國際航空線上佔重要地位，故有四航空線以達于各地。一九二八年開始經營由吧城經三寶壟至泗水四百五十哩之線，每日往返飛行一次。吧城至萬隆七十五哩之線，每日往返一次。吧城經巨港至棉蘭一千一百二十哩之線，每星期往返一次。一九三五年又開闢泗水經峇塘至錫江線，不久即縮短爲泗水峇塘線。一九三六年又開闢吧城、泗水、馬辰、廝里巴板線，每週飛行一次。一九三七年更延至打拉根。一九三八年又將新嘉坡線展至西貢，每週飛行一次。旅館西人所開設者，有印度大旅館、爪哇大旅館、荷蘭大旅館，爲上等之旅館，陳設既華麗，空氣尤流通，多爲各國達官鉅商駐足之所，房飯金每日多在九盾至十七盾之間。其他普通荷蘭旅館及爪哇人旅館，不下二十餘家，則取價較廉。至于吾僑所開設者，有青天、共和、巴黎、天台、亞細亞、美洲、婆羅洲、日惹、皇宮等十餘家，多爲吾僑各界往來居住之所，房金尤廉，由一盾起至六盾止。中以青天、共和較佳。名勝則有魚港之水族館。魚港昔爲船舶出入口之所，自丹絨不求新港落成後，即將此港改爲漁舟停泊之所。港內建有水族館一所，館中築有數玻璃櫥，高約七呎，櫥內滿貯海水，及奇異之魚數十種，下鋪以細沙及海藻少許，並有數玻璃小管不斷輸入海水，使空氣流通，以爲遊魚呼吸之用。水族館之建築，在各國海口多有此種設備。凡海中一捕獲奇異之魚類，即陳列館中，任人觀覽，以增進其魚類之知識與興趣，法至善也。戰前吾國在上海亦有此種設備。又有新巴殺之博物院。該院爲爪哇最宏大之古物保存所，內藏古代之彫刻物、衣冠、錢幣、戰具、帝王實物，以及各地人民生活居處，靡不搜羅無遺。凡遊斯院者，不啻親歷古代，殊感興趣。他如水關之威廉公園，用以紀念荷皇威廉一世者內有葡萄牙人之礮台遺蹟。蓋十六世紀時，葡萄牙人曾經營爪哇也。娛樂場有影戲院十餘家。爪哇人酷愛武俠影片，故座常告滿。間亦有歐劇、馬來劇、京劇、粵劇出演于吧城。跳舞場則多設于荷蘭旅館及荷蘭酒館內，每禮拜三、禮拜六及禮拜日多舉行之。一九四二年倭寇之侵入吧城也，並非由海上正面進攻，而係由西面之萬丹登陸。萬丹既失，以荷人從未理想在內地作戰，故在陸上卽難以佈防，致吧城海上之工事，遂無由發揮其威力，而陷爪哇戰事于不可收拾之地步。此戰略上之失敗也。

（二）茂勿及東印度總督荷蘭殖民大臣與荷皇之權力

茂勿又名布登梭爾。高架電力車由吧城一小時可達，汽車火車則須一小時半。地勢甚高，拔海八百呎。氣候清涼，如吾國之秋初焉。因是西人多朝往吧城工作，暮返茂勿住宿者。故茂勿又不啻爲吧城之外府也。茂勿之所以見稱于世者，非其出產之豐富與商業之繁盛，其原因有二：一以世界著名之植物園在焉，二爲東印度總督常川居住之地。世界第一大植物園爲美國之黃石公園，第二大植物園卽爲茂勿之植物園焉。該園建于一八一九年，爲德國植物學家雷瓦氏所創設，現直隸于中央政府之實業部，面積爲八十五公頃。其組織分四部：一、山園，爲園之主要部分，周約數哩，中有小山池塘溪澗，爲培養與研究溫熱二帶山林植物之用者。園內古木參天，包含之植物，不下數萬種，均以科學方法分門別類，用英法荷拉丁四種文字標明之，使觀者一目瞭然。園內又有萊佛士夫人紀念碑，爲前英國副總督萊佛士以紀念其夫人者，蓋一八一四年夫人死于茂勿任所故也。二、植物實驗室，爲研究植物生理及解剖之實驗室，以供世界植物學者之來此作長期或短期之研究。東印度各種大農業得有今日之發達者，此植物實驗室與有力焉。三、植物標本室，室中陳列蠟葉及標本甚多，爲檢定各種植物名辭及分類之用。四、動物標本室，室中陳列各種魚蟲鳥獸之標本甚多。如大蝙蝠翼長七尺，大孔雀翅長十尺，大象牙長八尺，大犀牛角長五尺，大龜背如圓桌，大蛇長三丈餘，大鯨魚骨長九丈等，均爲世界所珍貴者。

總督行轅在園之右側，建于一八三七年，至一八七〇年始以此爲總督常川居住之地。署前有鉅蓮池，蓮葉之大，形如斗笠，徑達五六呎，且有邊緣，爲溫帶罕見之物。其旁有鹿囿，鹿千百成羣，性馴良，遊人多往觀之。吾人于此，應敘述東印度總督，荷蘭殖民大臣，及荷皇之權力與其相互關係。東印度總督之權力，在世界各殖民地總督中，僅次于印度英國總督。依照東印度憲法第一條之規定，總督用荷皇名義執行一般政治。又依照荷蘭憲法第六十條第二款之規定，總督順從荷皇意旨而行政，在行政上向荷皇負責。因之總督爲東印度最高之行政領袖，代表女王統治東印度。其職權一如女王。在立法上，根據東印度憲法，得與領內之蘇丹締結條約，及頒布總督令。如總督令及東印度政府條例，被認爲違反荷蘭憲法及一般利益時，荷皇得取消之，或以法律廢止之。總督不僅爲行政之首長，且爲立法之首長，以其又兼任東印度評議會議長也。東印度評議會之性質，相等于各國之上議院。總督應負責向國民會議解釋關于東印度政務之一切質詢，蓋國民會議相等于各國之下議院，有質問權，立法權、及預算表決權惟總督之立法權力並無限制，可否決國民會議之議案。如遇緊急時，可不必待國民會議之通過，僅根據國民會議常務委員會之決議案即可執行。且國民會議六十名議員中，總督可委派二十二名。而此六十名議員中荷人又須佔三十名。即印度尼西亞人二十五名議員中，又多爲官吏與貴族，與荷人沆瀣一氣。而一般法令又由總督制定，僅經國民會議之同意。如遇緊急時，或議會堅持其主張而不同意時，則總督得宜佈爲臨時法令。故總督實爲事實上之立法者。在司法上總督有特赦權，惟須得大理院之意見。在行政上，得規定各部長官之職務及權限，任免官吏及將校陞遷俸給及士名給養，臨時頒布緊急命令，對蘇丹宣戰或媾和，准許外僑入境或驅逐，並有權放逐其臣民之危險分子于佛羅理士各島。在未執行之前，准許關係人提出抗議。其已裁決者，立即通告國民會議及直接呈報荷蘭政府。如遇省政府與市政府發生糾紛時，有權裁決之。又依東印度憲法第三十一條及第三十二條之規定，總督統率東印度海陸軍，但事實上總督不自執行海陸軍權，另委海軍總司令統率海軍，陸軍總司令統率陸軍。總督又有權發給七十五年期限之租借地，惟同時須尊重印度尼西亞人之權益。故其威力及于七千五百萬之人民，其土地領有一百九十萬方公里之大，有如吾國蘇、浙、皖、贛、湘、鄂、閩、粵、桂、滇十省之總和；其軍備有三萬八千人之陸軍常備隊與三萬噸之海軍艦隊；其僚屬之衆，幾及一萬人，實際上不嘗亞洲東南方一大國也。

至其資格爲年滿三十歲以上之荷人。依東印度憲法第二條之規定，總督由荷蘭內閣推薦，皇帝下詔任命之任期並未明白規定，惟依慣例五年一任。在其任滿之期，當自請離職。如過非常狀態之下，可自請延長任期。任命東印度總督時，荷蘭殖民大臣有絕大之選擇權。蓋總督隸屬于荷蘭殖民部，故實際上一切政治對殖民大臣負責，及受荷蘭上議院之監督。在東印度憲法中，對總督曾有兩種禁例：一爲不得于未經荷皇批准前離開職守，或離開東印度。故在一九二〇年以前，總督從未離開東印度。惟自一九二一年福克任東印度總督後，常與越南菲律賓之總督互相訪問，于其離開東印度時，並未呈報荷皇。二爲總督不得直接或間接參加東印度內或其有關之企業，亦不得爲此類企業之保證人，亦不得爲該領內之地主及土地租貸者。除公共債權外，不得爲東印度之債權者。此蓋防止總督與外國及境內企業界發生利害關係。自一九二五年後，此法規之限期，須延長于總督離職後五年。

至其人選，多爲荷蘭著名之政治家與政客。其政策均秉承其所屬黨派之政見以施行。三百年來，歷任總督之成績，均爲政策之一貫，而無所紛歧。所謂溫柔中之強制，視印度尼西亞人爲一種財源者，均爲歷任總督之共同旨趣。總督選擇方式，雖由殖民大臣之推薦，但亦須適應環境而定。依照一八五四年東印度憲法之規定，總督須于熟悉東印度情形之荷蘭政治家中選任。但日後所任命之總督，極少具有此種資格。如一八八九年至一九〇四年之總督羅斯本爲一軍人，從未任職于東印度，所以選任之者，以當時需要推行有力之佔領外領島嶼政策，而軍人甚爲適合耳。一九〇四年至一九〇九年之總督凡福斯亦爲一軍人，因其在亞齊戰事曾表現其雄才大略，故亦選任之以繼羅斯本之强硬政策。一九〇九年至一九一六年之伊頓堡總督本爲服務東印度二十年之一工程師，因斯時無適當之政治家，彼既久居斯土，熟悉其情形，故選任之以便駕輕就熟。一九一六年至一九二〇年之史蒂侖，爲一外交人物，曾任駐我國之荷蘭公使，蓋斯時世界大戰爭取外交勝利之際，故選任之以增强東印度在國際上之地位。一九二一年至一九二六年之佛克曾在東印度當律師二十年，時值共產主義有蔓延于全世界之勢，佛克素稱爲一鐵擘政治家，故選任之以鎮壓印度尼西亞人之異動者。一九二六年至一九三一年之格拉夫爲一外交家而兼政治家，曾出使日本與美國，亦曾任東印度評議會副議長，故選任之甚爲適當。一九三一年至一九三六年之楊格曾任倫敦皇家貝殼牌石油公司之職員九年，爲一親英派人物，又曾任陸軍大臣，時值世界政局不安之際，英荷之聯繫甚爲重要，故選任之以增進東印度與新嘉坡密切之聯繫。一九三六年至一九四〇年之總督史達喬爾爲一青年外交家，値此世界阢隉不定之局勢中，故需要一外交人物以折衝于國際間。總督之待遇極爲優渥，年俸時有不同，一八四〇年爲十五萬盾，一八六三年爲十六萬盾，一八八八年爲十三萬二千盾。一九二一年爲十八萬盾，即薪俸八萬盾，辦公費十萬盾，一九二九年爲二十萬盾，並有出巡特別等費之大宗款項供其開支。一九二一年佛克總督由荷蘭至東印度之川資爲八萬盾。總督任滿五年後，每年又可得養老金一萬八千盾。總督公署在巴達維亞，爲大理石所構成。芝巴那斯之總督署，爲其避暑地，茂勿總督署則爲其行轅。三署之構造，均極堂皇富麗，使印度尼西亞人望之而驚懼。蓋白人之于征服地，無不欲表現其高尙與自尊之心理，使當地人民加以崇拜與畏懼。印度新德里之英國總督署，其建築之雄偉與都麗，倫敦白金漢宮莫及焉。其用意蓋與東印度總督署同。依一八五四年東印度憲法之規定，可隨荷皇之意旨任命一副總督，以贊襄政務，及爲總督之候補者。但事實上數十年來，副總督終成虛位。至一九四二年一月東印度情勢緊急後，乃任穆克博士爲副總督。一九四四年復被任爲代理總督。總督署內設有政務廳，以處理一切政務。總督既負東印度全部之責任，又恐分權于各部長，集萬事于一身，在事實上當無法應付，遂造成政務廳長之權力高于各部長。但此種權力，並未經法律規定，故責難者甚多，卽荷蘭殖民部亦有取消此機關之意。政務廳長退職後，往往被任爲評議會議員。

依荷蘭憲法之規定，東印度最高統治權在荷皇，而一般統治權則在總督。所謂最高統治權者，卽爲政治上之最高監察權力。所謂一般統治權者，卽爲政治上之管理者。荷皇在政治上既不負責任，而替皇帝負責任者乃內閣，故殖民大臣卽成爲東印度總督之上級長官，對于東印度之行政方針，有管理之權。但其最大權力則爲選任總督及決定總督之連任或解職。平常總督執行法令時，必先得荷皇之同意與殖民大臣之默契，故事實上總督常秉承殖民大臣之意旨而行事。若在根本政策上，總督與殖民大臣不能同意時，總督惟有提請辭職，由殖民大臣另行選擇繼任人物。但殖民大臣對于總督，僅在大政方針之指使，決不干涉其內政之施行，且設法防止國會對于總督不需要之干涉。因此殖民大臣遂成爲總督之保護者。惟近年來，此種關係曾遭破壞，殖民大臣對于荷蘭國會攻擊總督時，未盡保護之責，且與國會連合攻擊總督，並公開干涉東印度高級官吏之職權，致遭東印度國民會議之反對，謂爲違反一九二二年及一九三七年與荷蘭本國平等之憲法。荷蘭政治上之組織，與英國不同。英國各部之大臣，必須出自議會之議員，但荷蘭之閣員，皆非國會議員。其閣員通常專家多于政治家，外交大臣往往從外交界名人中充任，水利大臣亦由水利專家選任，司法大臣由司法部高級官員中選任，海陸軍大臣由海陸軍將領充任。如政府任命某議員爲閣員時，彼必須辭去議員之職。故殖民大臣之人選，亦與其他各部相同，多用與殖民地有關之人物。荷蘭殖民大臣與東印度總督或蘇立南巡撫對調之事，在荷蘭歷史中極爲平常。

荷蘭爲一君主立憲國家，故君主亦應服從憲法。依荷蘭憲法第一條之定規，荷蘭王國乃指荷蘭本國、東印度、蘇立南、及居拉梭而言。荷蘭本國所頒布之各種法律，除已聲明適用于殖民地者外，餘均不適用于東印度。依荷蘭憲法第五十三條之規定，政府一切措施，不得歸罪于荷皇，因負責者爲內閣，皇帝僅爲一國之元首。依荷蘭憲法第二十二條之規定，荷故皇威廉二世于一八二二年由土地上獲得之資產，于一八四八年歸還于政府。皇帝僅給予年俸。皇帝或女皇年俸爲一百二十萬盾。皇帝備有冬夏二季之皇宮各一，每年經費不得超過十萬盾。皇后年俸三十萬盾，太子或長宮主之年俸，自十八歲起爲二十萬盾，大婚後則爲四十萬盾。長公主雖已產生皇孫，年俸如故。無論皇子或公主，務須經荷蘭國會承認正式婚姻所生者，方爲嫡子。現荷女皇威罕敏娜之大婚，係一九一〇年經荷蘭國會承認者。而長公主朱里安那之大婚，則係一九三七年經荷蘭國會承認者。倘未得國會同意而結婚，卽須遜位。如公主卽喪失其繼承大位之資格。關于皇位之繼承，皇子較先于公主。太子或長公主之將承繼大位者，卽稱爲奥倫治皇子或奥倫治公主。如荷皇或女皇無後，可自提議定一嗣君。設若未立嗣君而皇帝已先薨時，卽由內閣在四個月內召集國會議立新君。英王照例須巡幸印度，如喬治五世曾在印度登皇帝之寶座。但相反方面荷女皇威罕敏娜君臨皇位數十年，從未一瞻臨其海島帝國。今戰事已結束，吾人相信女皇或其朱里安那公主，必將幸臨東印度，以慰問此七千五百萬之子民也。

（三） 萬隆及萬丹經濟鳥瞰

萬隆爲爪哇內陸之重要都市。在昔有由巴達維亞遷都于此之擬議。事雖未果，然中央政府之交通陸軍等部，及航空鐵道二局則設于此，不啻吧城之陪都也。地勢甚高，拔海二千三百呎。溫度最高爲九十三度，最低爲五十二度，已無熱帶酷暑侵人之苦。西人住于此者有二萬二千人。因氣候與衛生設備之優良，及生活之低廉，故荷蘭之退職官吏咸樂居于此。淸晨有霧，及至陽光放射後，則霧散而輕微之山風，卽向萬隆噓拂，誠美境也。荷人之住于此者多「樂不思蜀」，以其祖國無一城鎮可與萬隆之舒適比也。華僑住于此者，則僅有一萬六千人。此蓋專指祖國南來之僑胞，而生長斯土之僑胞，並未計算在內也。東印度各地，祖國南來之華僑，均多于西人，惟此處則反是。萬隆係一六四一年井里汶蘇丹所開闢者。其後荷人積極經營，已成爲今日爪哇之西人中心區。建築精美，道路整潔，益以交通便利之關係，凡遊爪哇者，無不欲登此樂園。因是旅館林立。西人所開設之和曼及渤良安兩大旅館，可與吧城之印度大旅館齊名。至于華僑所開設者，有中華新正等十餘家。出產在渤良安一帶，爲西爪哇出產最豐富之區。山坡多梯田。因其四周多爲死火山口，故其下則爲如非洲尼羅河谿谷之肥沃平原。區內有茶園二百餘所，面積九萬公畝，產量年在五萬公噸。有規納園一百餘所，面積一萬餘公畝，產量一萬餘公噸。又有咖啡園、橡皮園、米廠、茨粉廠等。荷印工科大學亦設于此。華僑設立者有中華學校、華僑平民學校、中華平民公學、華僑公學、同益學校等。當地人種在爪哇各埠之女子，皮膚多帶褐色，貌亦醜陋。惟渤良安三府之女子，則白皙可愛，貌亦清秀，如吾國之蘇杭女子焉。豈其氣候清涼風景幽美之所致歟。故吾僑多娶以爲室。一九四二年吧城爲日軍所威脅後，東印度政府曾一度遷都于此，遂造成萬隆爲日軍與東印度守軍主力戰之戰場，亦卽東印度爭奪戰之戰場。但該城旋卽爲日軍所攻陷，致爪哇終止抵抗，守軍全部投降。

萬丹爲爪哇極西之地。當一五九六年荷蘭遠征軍率艦四艘東來時，卽取萬丹以爲根據地。凡摩洛加羣島之香料，卽在此交易。及東印度首都遷移于巴達維亞後，萬丹之地，遂隨政治之遷移而趨于冷落。今所存者，僅礮頭貨倉砲台之遺址而已。出產不豐。交通則北岸較南岸便利。其南部有一岸丹山，山民爲峇都怡族，穴居野處，與外界隔絕。相傳當十五世紀回教侵入萬丹時，萬丹之佛教王族，不願改信回教，乃逃居于此。此亦傷心之民族歟。

當一九四二年日寇進攻爪哇時，所派遣之艦隊極爲强大，共有船隻一百四十艘。內包括四十艘以上之運輸艦隊及强大之護航艦隊。此艦隊自北向南行駛時，荷方卽下令爪哇海軍東部之艦隊出擊。荷艦隊遂卽攻擊日運輸艦隊，因之發生大海戰。結果日艦隊實力遠强于荷艦隊，荷艦隊大部覆沒，日艦隊損失亦重。日艦隊重整隊形後，在軍艦砲火掩護下，在爪哇三地登陸。荷軍隊立卽在海灘及平原發動反攻。同盟國空軍不斷轟炸日軍。日空軍亦從蘇門答臘、巴利、南婆羅洲航空母艦出動助戰。日流動部隊，配備摩托車與脚踏車，涉水登陸，向內地推進。日軍採取三處戰略，其目的爲：一從萬丹向東進攻吧城。二從南安由西侵，企圖包圍吧城，向南可侵萬隆，東攻井里汶，南更可侵爪哇南岸之唯一要塞芝拉札。三由南旺向泗水推進，圖佔燧布之富庶油田。該油田已被荷軍破壞。日軍欲將爪哇截爲三段，然後各個擊破。故萬丹在經濟上雖不居于重要地位，然在歷史上及軍事上，則其地位甚爲重要也。

（四）泗水及三寶壠經濟鳥瞰

泗水爲東印度第一大商港與海軍港，位于東經一百十二度四十八分，南緯七度十一分。地居東爪哇省之北岸，適當金河之出口，且馬都拉島橫亙其東北，爲其天然之避風所，誠東印度之良港也。但在相反方面，馬都拉島却閉塞泗水清涼而合衛生之海風，遂造成泗水爲爪哇島最熱之地方。海口分新舊二處：新海口曰丹絨貝勒，位于金河之西岸，有北碼頭、西碼頭、荷蘭碼頭等。三碼頭共長四千九百三十五公尺，其面積爲八十公畝。北碼頭之外碼頭長一千二百公尺，吃水九公尺之船在低潮時可入。其裏碼頭長八百公尺，吃水九公尺之船可入。西碼頭又稱煤炭碼頭，長九百二十公尺，吃水十公尺半之船可入。荷蘭碼頭則建于西北兩碼頭之內港，東北西三面共長一千六百五十公尺，吃水十二公尺之船可入。普通在高潮時，吃水八公尺之船可自西口進港，吃水較深者，則須繞道馬都拉島，由東口入港。因馬都拉島之橫亙其中，遂造成泗水有東西二港口。港之東面金河，爲駁船停泊之所。由此可運貨直達于內地。在西碼頭之北，建有美孚油棧，爲其卸載石油之專用碼頭。船塢凡三，皆爲浮塢。一可修一萬四千噸之大船，一可修三千五百噸，一可修一千四百噸。水面起重機有二：一能起重二十五噸，一能起重五十噸。電力起重機能起重十噸者有二架，能起重二噸至五噸者有二十二架。有上煤鐵橋一，每小時可上一百六十噸之煤。上煤船二，每小時能上六十噸之煤。港之建築，起于一九一二年，成于一九二二年。建築費爲五千四百萬盾，一九二三年又增七百萬盾。貨船比連如鱗集。入口船隻，在昔常爲四千艘，今已減爲二千艘。容積爲二千四百萬噸。海關收入年約一千七百萬盾。老海口曰務瓊，昔爲船舶出入口之所。自新海口開闢後，往來船隻均移在新海口停泊，而老海口已退爲遊人休憩之地。每當晚潮將至，與夫旭日東升之際，天然美境，遊人多往觀之。市內人口約四十萬。地分新舊二區，新區曰古濱，位于舊區之南，西人多居之。舊區曰哥達，卽城市之譯音，爲商業之中心區，華僑多住于此。貿易總額，往昔年在四萬萬盾，今則減爲一萬萬盾。凡東爪哇省之出產及外國貨，均由此吞吐。現居東印度商港之第二位。泗水爲爪哇糖業之中心。糖業之盛，適足以增其繁榮。其次爲咖啡業之中心。麥斯基、瑪瓏、諫議里一帶所出產之咖啡，均以此爲輸出口岸。商業地帶在巴殺岧汝、巴殺本、巴殺巴比安、邦光街一帶，多土產商布商爲吾閩僑所經營者。前池安街多雜貨商酒食館，爲吾粵僑所經營者。甘光押本多入口商、銀行界、保險公司、輪船公司，爲西人所經營者。學校有著名之糖業學校、醫學專門及其他中小學。華僑所辦者，有中華學校、振文學校、僑南學校、南華學校、勵志中學、華僑中學等。報館有荷文日報三家，及吾僑所辦之華巫文報六家。交通有電車、馬車、汽車以通行市內。無論通衢僻巷，均爲地瀝靑所修鋪，兩旁並有美麗之樹林蔽蔭。商場建築，多爲英美式之巍峩大厦。而住宅則爲荷蘭式之單層精舍，中有花園、運動場。其生活之舒適，較之歐洲方面殆有過焉。東印度各埠無出其右者。市外交通有鐵路、公路以通各埠。至于航政及空運情形，一如吧城，惟在東印度東部則以此爲總滙。一九四二年日軍之進攻爪哇也，東印度政府對泗水及其他三寶壠、吧城、井里汶各城市，卽施行焦土政策。破壞隊破壞其港灣、貨棧、工廠、橋樑、公路及鐵路。其中在防禦力較弱或敵軍威脅過重之地點，則縱火焚燒。因此百餘年經營之商港及海軍港，至此遂成爲廢墟。

三寶壠吾僑稱之爲壠川。地居中爪哇省之北部，位于東經一百一十度二十四分，南緯六度五十六分，爲中爪哇省之省會，東印度第四大商港也。貿易總額往昔年爲二萬萬盾，近今已減爲六千萬盾。輸出以蔗糖及烟草爲大宗。輸入以棉織品及飲食品爲大宗。華僑商務以建源爲最大，爲已故糖王黃仲涵所創辦者，以經營糖廠、銀行、輪船及各種輪出爲大宗。黃氏資産在昔盛時，已達十三萬萬盾，爲世界第十六大富翁。其財産多散布于倫敦紐約間。今雖稍遜，然其子嗣仍能承續家業，爲爪哇華僑首富。他如郭河東公司日興棧，昔均爲擁有鉅資者，不幸今已失敗，聞者惜之。市內分瑪拉丹、博瓊、棧地三區。瑪拉丹爲華僑商業區。博瓊則多西人商店與政府機關之所在地。棧地爲山區之地，距商業區有三哩之遙，修有柏油大道，汽車可直達山頂。山上多西式大厦，花園亭榭，建築精美，故多爲富商居住之區。星期假日，遊人多馳車其上，海景在望，全市房屋，歷歷如繪。人口約三十萬人。華校有華英中學、中華學校、正誼學校、中華公學、華僑女學等。海口無船舶碼頭，故海船不能靠岸，僅停在海中心。又以其風浪甚大，裝貨卸貨，每感不便。如遇風時，僅能在背風之一面裝卸。若風浪過大，則一面亦並停止之。一九一〇年政府曾建駁船碼頭，面積共十八公畝，內分二海關碼頭及一漁船碼頭，共長七千一百五十公尺，吃水二公尺半之船可入。有長堤二，伸出海中，各長一千六百公尺，以防泥沙之沖積，並爲保護駁船碼頭之用。起重機分電氣蒸氣二種。用蒸氣者，一能起重五噸，一能起重二十五噸。用電氣者有八，能起重三噸至五噸。入口船隻約一千餘艘，容積爲一千三百萬噸。市內交通有小火車、馬車、汽車。市外交通則東南西三面均有鐵路公路以達各埠。古蹟則郊外有一三保洞，爲紀念我明朝三保太監鄭和之廟宇。華僑與爪哇人均迷信其爲神，故香火甚盛。事緣一四二二年，明三保太監鄭和率兵下西洋，王景宏氏與之偕來，不幸王氏客死于蘭川，因葬之。後華僑爲紀念鄭王之功績，乃修一三保洞。洞前有廟，奉鄭和遺像。洞旁建王景宏之墓。墓旁有三保墩，爲鄭和沉舟之處。每逢陰曆六月三十日，相傳爲鄭和抵爪哇之紀念日，鵝川大覺寺必來進香。民國五年，我國文豪章太炎氏南遊爪哇時，曾往遊三保洞，並爲之撰聯以爲紀念。聯至今猶高懸三保之像旁。聯云「訪君千載後，愧我一能無。」

（五） 梭羅及日惹兩王國

梭羅、日惹爲爪哇之兩王國，位于中爪哇之南部，面積爲九千一百七十五方公里，人口爲四百萬。當十七世紀之末葉，爪哇仍爲多數蘇丹國家所割治，不相上下。至十八世紀，荷蘭勢力漸由西爪哇伸入中爪哇，多數王國遂爲荷蘭所消滅。一七四九年有馬達蘭姆王國，地據梭羅河上游，因兄弟爭位，兵禍無已，荷人因勢乘之，乃降其衆，並分馬達蘭姆國爲二，卽今之梭羅、日惹是也。其後梭羅、日惹又各分而爲二，卽王與太子不相統率，形成敵國，遂成今日爪哇之四王國。今日爪哇之四王國，實卽馬達蘭姆之子孫也。雖條約上荷蘭猶保證其獨立，然其實權不能出都門，名存實亡，一切均受制于東印度政府，僅年給以恩俸。茲將各情分述于後：

梭羅又名蘇拉格打。其王尊稱爲蘇蘇南，或宇宙之大釘。政府爲嚴密監視蘇蘇南起見，乃設梭羅統監以監視之。王宮之四周，築有白色之高牆。牆外卽爲東印度政府騎兵營之所在地。營內安置砲壘，其砲口正對王宮之中心，名雖保護王之安寧，實卽監視王之行動也。若王對東印度政府一有異動，則此騎兵卽可逮捕之，而使其變爲階下囚。卽王對區內之政令，亦必須商得梭羅統監之同意，方得公布。王之出入，須先請命于統監，得其許可，方能自由。蘇蘇南之出巡王區也儀仗甚衆。前有高騎駿馬，手執長刀之武士，威風凛然。侍臣頭戴高帽，手捧寶物，腰插克里斯寶劍，左右前後擁護國王。王則乘坐金輦，頭裹長布，足不著履，身穿爪哇古代之元帥戎裝。後隨姬人數十，載歌載行。王及其臣僚均遮蓋以十呎至十五呎長柄之傘，式如吾國遜清時之大紅傘。傘之區別，即所以表示其官階。王及外國使臣與今日之荷蘭統監爲金色。王后及王子爲黄色。王之姬妾爲白色。貴族爲綠色或紅色。臣僚則爲黑色。王駕出宮時，子民均伏地蛇行，不敢仰視，蓋猶敬王之尊嚴，而不知王今日地位之悲且痛也。荷蘭政府授王爲陸軍中將以榮之。年俸爲三十六萬金元，歸東印度國庫撥發。王又有王地，可租予外國種植公司，年得租金六十萬金元。王喜藏珠寶鑽石金銀。其三千宮女皆艷麗非常。今王爲一年青人物，而其五六十枚之勳章，習慣成爲經常佩帶之物。梭羅蘇蘇南大于日惹之蘇丹。換言之，即日惹之蘇丹，爲梭羅蘇蘇南之臣屬。每年蘇丹必往梭羅覲見蘇蘇南，行跪拜禮。於是荷人乃利用此點，施行挑撥離間之計，使此兩王國不和，俾不致聯合以反抗東印度政府。荷人陰告日惹蘇丹，當覲見時，穿上荷蘭之軍服，佩上女王所賞賜之勳章，無論見任何本地之官長，均可不行最敬禮。于是蘇丹對蘇蘇南未能行跪拜禮于蘇蘇南。蘇蘇南雖極爲忿怒，然亦無法以處罰此觸犯天威者。

蘇蘇南每年有四次正式與其臣民見面之機會，並舉行宴會。斯時爪哇軍隊皆按時鳴砲，並有軍樂隊及爪哇之樂班齊奏音樂，而宮門大開。于是一班皇族及貴族便魚貫而入，而蘇蘇南乃衣滿嵌珠寶之服裝，與荷蘭統監一同受覲。宮內有一大公園，動物有虎豹象駝鳥蟒鱷，及其他奇蟲異鳥。植物則古樹參天，一見而知其爲歷代古都。

至于樓台亭閣花草池塘，無不具備。本爲王之御花園，今已開放，故遊觀者甚衆。

日惹位于梭羅之西南。其王稱爲蘇丹。荷蘭政府授王爲陸軍少將，年俸爲二十萬金元，半爲王之私款，半爲維持格拉頓朝廷之費用。王宮四周圍以高牆，長達三哩餘。牆之四隅裝有大砲，駐有荷蘭兵營，爲政府用以監視王者。入第一道門，有一大廣場，綠草如茵，大榕樹二株，張立如傘蓋。其左旁則爲回教禮拜寺。入第二道門，爲王之宮殿，百官賀朝之所。內有一大餐廳，可容納千人。入第三四門，爲王之寢宮。黃色之宮殿，蘇丹住左面，王妃住對面，挨次爲其姬人之住所，故後宮甚大。蘇丹可以選任何婦女爲妃嬪。當貴族之女兒已至結婚之年齡時，即被帶至宮中，如蘇丹已選中，即留後宮以充下陳。而貴族亦深願其女選進宮中，以其女必能使其父獲得優美之位置，以顯耀其門庭。一九三九年蘇丹曾與其妃嬪十二人離婚，蓋即遣其遺棄也。宮內有著名之歌舞團及音樂隊，以爲王取樂之用。王宮舞女，妙齡華年，輕顰淺笑，舞術甚精，人數數百，爲爪哇舞中之最大團體。舞時，干北郎音樂隊奏以醉人之歌曲，無怪王終日縱情聲色也。王之費用，多半耗于聲色之中。宮外四周則爲貴族與臣僚居住之區。爪哇古代宮室制度，王宮有四門，宰臣有三門，大夫有二門，士民有一門。爪哇禮制，主僕之禮儀，必須遵守尊敬之接吻，僕人多吻主人之足或膝。當蘇丹第一次購到歐洲之馬車時，曾先查看馬車夫之坐位是否高于彼之坐處，結果較高，遂不用其子民駕駛，而改用外國人。王宮左近有一水寨，爲三百年前之遺物，係蘇丹用以避暑者。設計者爲一葡萄牙人之工程師。中有寢宮、餐室、浴池、誦經台，居于湖之中央。其唯一入口處，即一條在水下面之道路。此地道長有十公尺，高四尺，不幸于一八六七年毀于地震。現雖頹廢，而其規模之宏大，至今猶能見之，亦可爲後人憑弔之所也。

梭羅日惹爲爪哇富庶之區。一九三四年雖爲生產低落之一年，境內尚有糖廠十二所，膠園七所，茶園五所，烟園二十二所，咖啡園五所，胡椒園四所，可可園數所。此皆西人之企業也。至于茨粉之生產，佔爪哇全部生產百分之七十。米之產量亦多。惟人民常遭蘇丹之剝削，故生活甚苦。教育不甚發達。人民猶保存十六世紀之遺風。衣常服黑色，且多襤褸。外貌甚謙恭，不爲外人所重視。

第三項　馬都拉島經濟鳥瞰

(一)　地誌

馬都拉島華僑稱之爲過嶼，爲一東西長南北短之小島。由西至東長凡一百六十公里。由南至北最濶處爲三十八公里。位于東經一百十二度四十二分至一百十四度九分，南緯六度五十四分至七度十二分。地居爪哇東部之北，爲泗水海軍港之屏藩，故軍事上之地位甚爲重要。在行政上屬于東爪哇省。面積總共爲二千零三十方哩，合五千四百七十一方公里。內分東馬都拉及西馬都拉二府。東馬都拉府治曰北望加山，位于府之西南，地濱馬都拉海。因土瘠民貧，故無甚可述。其東北之漯水，爲前馬都拉王國時之故都，王宮陵寢，至今猶存，出產甚多，爲鹽業之中心。西馬都拉府治曰翠加蘭，位于府之西境，地濱爪哇海，距泗水僅隔三公里之海峽，爲燕窩之出產地。人口現有二百餘萬人，女多于男。推其原因，不外馬都拉島土質貧瘠，男子多向外謀生，遂婚娶他方女子而不能顧及於家中之女子。

（二）鹽　田

出產以食鹽爲大宗，凡東印度各島所消費之鹽，皆由此供給。鹽之產地，在南岸海灘一帶。該處均爲鹽田。居民可領鹽田四塊至六塊，用鐵管引海水入田，俟海水曬至濃滷時，乃用竹管引入凝結場中，遂成粗鹽。政府爲精製白鹽起見，乃設鹽廠，收買粗鹽，加以製造。每擔粗鹽定價五鈁。製造後其售價爲八盾，故政府獲利甚厚。每年銷產量爲一百五十萬擔，值一千餘萬盾。其次所產爲黃牛，約六十萬頭。以馬都拉人多信印度教，不吃牛肉，故多運銷于爪哇各地。至于農產因島上土質多石灰質，不適宜于農業之栽培，故仍需外力之供給。交通有馬都拉鐵路公司所經營之鐵路，橫貫全島南岸，由西至東長凡二百三十三公里，車行甚慢，須時十小時。公路可以環繞全島，若用自備汽車，則一日即可走完。華僑散居于各埠者有五千人，多生長于斯地之僑胞，僅經營小本生意。其來自祖國者較少，以島上出產甚少，無業可以經營也。

第二節　大東方之經濟

第一項　蘇門答臘經濟鳥瞰

（一）地　誌

蘇門答臘島位于東經九十五度十分至一百零六度十分，南至南緯六度，北至北緯六度，横跨于赤道之上，爲一狹長形之大島。東臨馬六甲海峽、中國海、爪哇海，隔海與馬來半島、婆羅洲遙遙相對。南隔巽達海峽與爪哇僅一衣帶水。西臨印度洋，有無數島嶼，爲其避風所。面積爲一十六萬三千一百八十三平方哩，合四十三萬一千五百二十八方公里，等于吾國之四川省，爲荷蘭之十三倍，佔東印度總面積四分之一弱，而大于爪哇三倍有奇，爲東印度之第二大島。一九三八年東印度政府半由于被抨擊，半由于加强自身，遂從事于廣泛之改組，因在昔爪哇及馬都拉稱爲内領，而其餘各島則稱爲外領，外領各島皆有衆多之駐箚長官以統治之。是年乃將外島合併成爲三大行政區，一爲蘇門答臘，二爲婆羅洲，三爲其餘各島合稱爲大東方。改組之結果，一方可以鼓勵自治之發展，另一方一旦對日本有事，可以加强中央政府之團結。每一行政區卽設一行政長官管理之。蘇島之行政長官駐于棉蘭。氣候雖在赤道之上，以高山甚多，並不如爪哇之炎熱。雨量甚多，全年常在二三千粍以上。卽降雨之日數亦多在一百六七十日。河流之大者有摩西河、亞沙漢河等數河，均向東流入海。諸河雖不甚大，然農田實深利賴。惟人口甚稀，以十六萬方哩之地，不及八百萬人，平均每方哩僅有五十人，而以東部西部爲較密。故欲發展蘇島之實業，非移民不爲功。一九三〇年爪哇移殖蘇島之人民爲四萬一千餘人，一九三九年約增至十五萬人，中以南榜爲最多，巨港次之，蘇東又次之，萌古連更次之。

（二） 物產與貿易

農產以烟草及橡皮爲大宗。烟草產于日里區。烟園有四十六所，面積爲一萬一千公頃，產量爲一萬二千餘噸，値三千萬盾，投資額則達一萬萬二千萬盾。日里烟草多運銷于歐洲，再至古巴用以製造哈瓦拿之上等雪茄。橡皮全島均產之，分本地人橡皮與歐人橡皮兩種。本地人橡皮多產于占碑一帶，面積已達三十萬英畝，共植三千萬株，產量約十萬噸，値二千萬盾。因其僅爲勞力上之栽種，及其土地之所有權，故未有任何之投資。若夫歐人橡皮，爲歐人大規模之企業，多在日里一帶，年來橡皮園面積已達六七十萬英畝，產量爲十萬噸，値三千萬盾，投資額爲四萬萬盾。其次爲咖啡，多產于西部一帶。產地約四萬公頃，產量爲二萬餘噸，値六百萬盾，投資額爲二千五百萬盾。再其次爲油棕櫚，產于日里，產地五萬公頃，產量爲二十四萬公噸，値一千五百萬盾，投資額爲九千萬盾。再其次爲椰子，產于沿海一帶，所產値數百萬盾。再其次爲胡椒。此二種物產，多爲本地人之農業，荷人在遠東第一次運往歐洲之胡椒，卽爲蘇門答臘所產。蘇門答臘出口之胡椒，已佔東印度全部胡椒出口三分之二。再其次爲茶，投資額達七千萬盾，爲纖維，投資額達四千萬盾。總共蘇島農業之投資已達七萬萬五千萬盾。礦產以石油為大宗，盛產于巨港、占碑、日里、亞齊一帶，投資額達六萬萬盾。在昔東印度所產之石油，以婆羅洲為最重要。一九二一年東印度產石油二百四十萬噸，婆羅洲即產一百四十萬噸，佔百分之五十八；而蘇門答臘僅產六十萬噸，佔百分之二十五。十年後，蘇門答臘發現大批之油田，因而獲得鉅量之開掘，年有增加，今已達到五百萬公噸之產量，佔總產量百分之六十五點六；凌駕婆羅洲而上之。而婆羅洲則仍保持一百八十公噸之產量，退而為佔總產量百分之二十五之左右。其次為煤，產于沙哇、命多、芸林及丹絨一帶，產量為八十萬公噸，值五百萬盾。再其次為錫，產于新及島；為金銀，產于西部萌古連及勝猗一帶。總之蘇島之農礦業，以政府與人民積極開發之關係，其前途正不可限量。貿易總額年在二三萬萬盾不等，輸出為二萬萬盾，輸入為六千萬盾，出超既大，故人民甚為富庶。

（三）交通

交通現正積極經營。一九三九年鐵路共長二〇五五公里，為國有及日里公司所經營。國有分蘇南、蘇西、亞齊三線。蘇南線由巨港西通勝猗，南通南榜之的鹿比洞，長六百四十五公里。蘇西線由把東以通花的國及沙哇命多，長二百六十四公里。亞齊線由棉蘭東通亞沙汗，南通仙達，長五百十三公里。日里公司所經營者，有亞齊至棉蘭線，長五百四十一公里。現政府正擬打通蘇南蘇北之聯絡，而有縱貫蘇門答臘鐵路之計劃。公路尤多，汽車可通行全島。一九三九年蘇島有柏油路一六五〇哩鋪石路一五、八〇〇哩。港灣以亞齊北部威島之沙璜港爲最良之港口。凡由歐洲東來之船舶多經過此處。其次爲棉蘭之勿老灣及把東之恩瑪港。荷蘭東來之船舶，常停泊于此處。他如巨港、占碑、望加麗、實武呀、萌古連、爲內洋港。荷印王家輪船公司及新嘉坡之輪船公司之船隻，常往來于此間。燈塔全島有二十五座，增進船舶之安寧不少。

第二項　蘇島各重要都市經濟鳥瞰

（一）棉蘭

棉蘭位于蘇門答臘之東北部。地臨馬六甲海峽，居歐亞航線之要衝，爲東印度之第三大商港。當一八六九年以前此地仍爲一荒村。自一八七〇年開始種植烟草、橡皮、油棕櫚、茶葉後，以經營之得宜，遂一躍而成今日之地位。蘇東特區首府本在望加麗。二十年前，始由望加麗遷來此處。今爲蘇島行政長官駐節之區，及王宮各國領事館移民廳法院等之所在地，故棉蘭亦爲蘇島政治之中心。出產甚多，其富庶甲于全島。日里大農園有二百五十所，面積爲二萬公頃。大農園多爲外人所經營，投資額爲六萬萬四千萬盾，故棉蘭又爲蘇島北部經濟之中心。貿易總額現年爲九千萬盾，輸入爲三千萬盾，輸出爲六千萬盾。凡蘇島北部之農產，均由此輸出，故又爲商業之中心。海口曰勿老灣，距棉蘭有七英里之遙，汽車火車均可通行。新碼頭長九百八十三公尺，吃水十二公尺之船可入。

可入舊碼頭有二：一長七百四十公尺，一長一百八十一公尺，吃水七公尺之船隨時可入八公尺半之船則高潮可入。又有煤炭碼頭二，長各三十公尺。有椰子木碼頭爲當地人駁船之用。防浪堤有二：一長三百七十一公尺，一長一百八十公尺。水上起重機一，可起重五十噸。電力起重機四：一能起重十噸，三能起重三噸。人工起重機二：一能起重五噸，一能起重二噸。貨倉甚大。交通之便利，無論空運海運陸運均已備具規模。航空線有四：一由新嘉坡至棉蘭而達于亘港，二由吧城經亘港而達于棉蘭，三由吧城經新嘉坡而至棉蘭，四由歐洲至棉蘭而達于吧城，均由荷印王家航空公司所經營。海運有荷蘭郵船公司、勞特坦郵船公司、拿地壩公司自歐洲來，爪哇太平洋公司自美洲來，荷印王家公司自澳洲來，均可開抵此間，故棉蘭亦世界航線上之口岸也。至于內洋航行有荷印王家公司及海峽汽船公司往來于馬來及東印度各埠，入口船隻年在一千四百艘，容積八百萬噸。陸運有一千餘公里之鐵路，以通蘇島各地；有縱貫蘇島中部長八百五十九公里之公路，以南下把東。向之由棉蘭至把東者必須海行，今則乘汽車二三日行程已足。此路開闢後，無論在軍事上經濟上均極關重要。華僑在此者有三萬人，以客籍僑胞爲多，漳泉籍僑胞次之，多經營商業，且辦有蘇門答臘民報及新中華日報。華校則有蘇東中學、敎本學校及第一區至第九區九校等，學生共二千五百人。主其事者，除蘇中及敎本兩校另組董事部外，餘均爲蘇東華僑敎育總會辦理。蓋感各校各自爲政，籌措經費之困難，不得不合而辦理，以便統籌統支也。市內建築多西式，氣象堂皇，街道寬整，而新市場尤爲壯觀，面積約四百畝，分爲四區，每區高數十呎，長三百呎，闊一百呎。其排列牛肉猪肉各爲一區。以本地人多爲回教徒，不食猪肉，故須分開。雞鴨海味爲一區。蔬菜水果爲一區。場內空氣流通，掃除清潔，絕無臭味。管理之者爲市政府，市場當中爲辦公室及辦公人員之宿舍。並有停放汽車處，牛馬飲水處，垃圾堆置處。其商店棧房酒樓百餘間，按鋪徵稅，集全市菜食于一處，亦統一菜食之一辦法也。故規模甚宏大，東亞各大都會之菜食場，無出其右者。名勝則附近有著名之峇答山，距棉蘭六十九公里，本名勿拉士打宜，拔海一千六百公尺，氣候清涼，溫度在華氏六七十度之間。沿途蔴園茶園，一望青葱，倍增美麗。而山谷之瀑布，更如萬馬奔騰。山中多西人別墅，及中西大旅館，以爲遊客下榻之所。吾僑在此約千人。鄰近之新拿本、先巴牙兩火山，終年冒烟，蓋猶爲活火山。山中居民爲峇答族。女子多鑿去其門齒，引爲美觀，亦異事也。再南有多巴湖，長約八十公里，面積爲九百零六方公里。湖之四周，高山環繞。湖中有一桑木西島，高聳其間，風景甚佳。湖水亦清潔如鏡，以亞沙漠河發源于此，水常外溢故也。湖中菊花肥大艷麗，爲熱帶他處所無。凡旅客至棉蘭者，無不驅車一遊。一九四一年日寇之進攻東印度也，即以降落傘部隊首先襲擊棉蘭，企圖攫奪新嘉坡各面之根據地，以便阻止所有軍需及援兵開抵該島，足見其軍事上之形勢甚爲重要。

（二） 沙璜及亞齊經濟鳥瞰

沙璜爲蘇門答臘島極北之良港，亦東印度之海軍港。地居威島小島之上，扼歐亞海上交通之要衝，亦蘇島之屏藩也。其地位次于新嘉坡碼頭長一千五百公尺，闊九百公尺，海灣入口處甚濶，有八百公尺，海水甚深，水面爲一・三五方公里，吃水十公尺之船可入。上煤碼頭長六百一十公尺。煤棧十七處，可貯五萬噸之煤。有上煤機一，能起重一百噸，上煤極便，每小時可上三百噸之煤。各國輪船均來此添煤，故又稱煤炭港。起重機一，能起重四十噸。船塢有二：一可修五千噸之船，一可修三千噸之船。入口船隻年在八百艘，容積約六百萬噸。沙璜在四十年前，仍爲一荒村。至十九世紀末葉，始爲亞齊巡撫凡福斯將軍所開闢。當一八八九年，亞齊軍需局乃于威島之沙璜建煤棧。一八九四年第一次輸送煤炭，遂造成今日世界航運之煤炭港。管理權屬于沙璜海港煤炭公司。其資本爲三百萬盾。市內建築多西式。銀行郵電局以及各國輪船公司出入口商代理人多設于此。凡往來歐亞道經此處之乘客，均登岸遊覽，蓋以其地位重要也。該港于一九四二年爲日寇所攻佔後，地位益形重要，以其北可與安達曼及尼科巴兩羣島造成一封鎖印度洋與太平洋交通之直線。日寇若能將此等島嶼嚴爲防守，則我盟國海軍將無由自印度洋進攻新嘉坡。一九四四及一九四五年英、美、荷、法之聯合艦隊，曾駛入威島，砲轟沙璜港，以探視日寇之實力。此島如被我盟國奪回，則新嘉坡將失其保障，而盟國海軍將可與登陸部隊進攻馬來亞，以截斷東印度敵軍與其本國之聯絡。乃日寇於本年九月突然投降，此島遂由表現其軍事價值矣。

亞齊爲蘇島北部之蘇丹自治區域。其人民强悍，爲天生之軍人。荷人之征服亞齊也，經二十年之長期戰爭，費四萬萬盾之財力，傷亡兩萬之軍士，始有今日之版圖，爲東印度各島最後之被征服者。年來印度尼西亞人之醞釀革命，亞齊人鼓動之力爲多。雖荷人駐有重兵于此，然亞齊人反抗之心猶未已也。亞齊爲白人在東印度發現最早之國家。一二九一年意人馬哥孛羅曾至此地。十六世紀之末英女王依利薩伯曾與亞齊國王簽訂條約。府治曰王城，華僑稱之爲大亞齊，爲亞齊國歷代之古都，今日蘇丹仍居于此，故馬來王宮在焉。荷人統監亦駐節于此以監視之。出產以樹膠、胡椒、烟草、石油爲大宗。亞齊之輕便鐵道，即當年亞齊之戰荷人築以運兵者。港口曰巫利威，有三大碼頭，裝卸貨物，頗稱便利。

（三）巨港及把東經濟鳥瞰

巨港亦稱舊港，今名爲巴鄰旁，爲中古時期之三佛齊王國，亦蘇島南部商務中心之區。位于摹西河之下游，距海口九十公里，輪船五小時可達。因海岸礁石甚多，故大船不能駛入，必須吃水六·五公尺以下之船方能入口。碼頭係木造，長二百五十公尺，寬十一公尺，以三橋與岸相連，東印度之內河港也。摹西河在區內，既灌溉數萬頃之農田，復使區內航運暢通，造成今日蘇南數千萬盾之農產輸出，其功實甚大。出口之貨多爲石油、煤、木材、橡皮、咖啡、胡椒等。石油爲巨港經濟之中心事業，英荷殼牌公司及美孚油公司皆在此大規模經營其油田。一九四○年巨港古碑一區所採掘之石油，即佔東印度總產量百分之五十。今日巨港之石油業，關係于蘇島經濟之命脈，無異于昔日爪哇之蔗糖業，有左右其經濟之趨勢。煤產于芸林之丹絨，年產四五十萬噸。木材產于摩西河之兩岸，多爲鐵木巨港野林甚多，爲東印度十大林區之一。咖啡產于勝舺。橡皮產于巨港占碑。胡椒則產于南榜。南榜之意義，爲上下于水中，卽一年中有大部份土地在若干時期內浸在水面，蓋南榜有一百五十哩整平之陸地，北進三十哩，方有高于海面兩哩之山峯。至于馬來人工業，以金銀細工象牙雕刻刺繡馳名。交通可謂海陸空俱備。海上有新嘉坡及吧城之船隻往來于此間，入口船隻年在一千三百艘，容積約五百萬噸。陸上有國有鐵路西通勝舺，南通南榜，爲蘇島最長之鐵路，現仍從事于北展，以求縱貫蘇島與亞齊線接軌。總局設于巨港。公路錯綜，有如蛛網，可通全島。至于空運，可南通吧城，北達棉蘭。貿易總額，一九三八年爲一萬萬二千萬盾。輸出爲九千三百萬盾，佔東印度總輸出百分之十四點二。輸入爲五百八十萬盾，佔總輸入百分之一點八。一九三九年輸出爲一萬萬零八百萬盾，輸入爲一千九百萬盾。華僑在此營商者甚多，有一萬五千人，多閩籍，居河之右岸，西人則居河之左岸。一九二九年吾國駐把東之領事館乃遷移于此。市內中心爲丹拿格拉敦，昔爲蘇丹京城，建于一七八○年。有回教清眞寺一所，建築雄偉，其地皆爲大理石所鋪成，並有高一百呎之尖塔，建于一七四○年。自一八二五年東印度政府廢棄蘇丹後，今所留者僅爲歷史之陳跡而已。一九四二年日寇以飛機一百架運載傘兵七百名，襲擊巨港，配備以曲射砲與輕機槍，分三批降落。其中一百名降落于巨港以東摹西河畔之標準油區附近，三百名降落于標準油區以西之雪而油區附近，又三百名降落于巨港西北之第一號飛機場附近。其目的在佔領該地之飛機場及阻止守軍之破壞油田。終以傘兵過少，及登陸部隊未能及時策應，故在海軍登陸前，油田已爲守軍破壞，未能完成其任務。閱日敵軍復以大批橡皮艇運載登陸部隊，溯摹西河而上。因荷印政府並未有堅守蘇島之計劃，故斯時巨港雖有二千之守軍，及由新嘉坡退回之澳軍六千人，亦未加以抵抗，而節節向南退却。日寇亦緊追不捨，致蘇島南部失陷甚速。

把東爲蘇島西部商務之中心，亦軍事上之要地。開闢甚早，當一六一四年時，荷人卽在此設立荷蘭東印度公司，以爲開拓蘇島之根據地，至今已三百年矣。海口曰恩瑪，爲紀念恩瑪皇后而命名者。東距把東僅三哩，西臨印度洋，女皇灣與太皇灣環繞港口，而大小香蕉島位居港之外，爲天然之蔽風所。恩瑪皇后碼頭建于一八八〇年至一八九〇年，遂爲翁比林煤礦之出口處。碼頭有四，共長四百三十三公尺。防浪堤有二，各長四百五十九公尺。印度洋風浪雖大，以有長堤之故，海面甚平靜，海水亦深，吃水九公尺三之大船可靠岸。貨倉甚多，起重機有二：一能起重五噸，一能起重三噸。凡蘇西之出產，如咖啡、椰子、菸草、水泥等，均由此出口。而翁比林煤礦之煤，尤爲重要之輸出，故把東又不啻爲一大煤棧也。交通甚便利，鐵路有蘇西國有鐵路，長二百八十四公里，內三十六公里爲有齒鐵軌，蓋爬山鐵路須有齒爲之接力，否則不易攀登，時有滑下之危險。蘇西路局卽設于此。公路可北通棉蘭，東通巨港，南通南榜，四通八達之地也。航路有歐洲、馬來及荷印內洋之船隻往來于此間。入口船隻年在七百艘，容積爲二百五十萬噸。貿易總額年在二三千萬盾，輸出與輸入各佔其半。華僑在此經商者有七千人，多閩粵籍。華校有中華、新華、隴西三校。市內建築多西式，並有紀念碑二：一爲紀念發現翁比林煤礦之格雷夫工程師，以其貢獻于東印度甚大也；一爲紀念平把東亂事有功之米基爾士及奈佛兩將軍。把東東北九十二公里之地，有名花的國者，又名武吉丁宜，蘇島著名之清涼地也。位于把東高原之上，四面火山環繞，拔海二千餘公尺。市爲山中之大平原，氣候平均約華氏六十度左右。風景幽美，市街整潔，而建築又舒適精緻，熱帶而有此樂園，無怪遊人多趨慕之也。

第三項　蘇島附近島嶼經濟鳥瞰

(一)　邦加島經濟鳥瞰

邦加島爲蘇島東南部之一小島，面積爲一萬一千九百四十一方公里。內分檳港、烈港、流石、勿里洋、南榜、文島、高木、啃囒、沙橫等九港。府治曰檳港，居島之東部。府尹爲島上之行政最高長官，華僑稱之爲大王。人口共二十萬人，華僑與馬來人各居其半。華僑居此甚久，當一百五十年前，此地卽爲廣東惠州河源之鍾、黃、林、温四姓所聚居，故至今此四族之人口仍極盛。在文島之鍾瑪腰及林甲必丹，固今日華僑之領袖也。而烈港之黃甲元，又爲贊助總理革命傾家蕩產之國民黨先進也。交通甚便利，公路可暢通全島。航路各港均有荷印王家輪船公司之定期船隻，而渣華輪船公司自滬港及華僑之輪船公司駛自新嘉坡之船隻，亦常抵此間。出產以錫礦爲大宗，一九四〇年產二萬四千噸，佔東印度錫產總額百分之五十六，值四千萬盾。工人有一萬二千人，均爲華工，所謂契約工人是也。其情形與上述之烟園工人同。礦山命名爲某公司，如東興公司、發興公司是；又稱巴力。礦之經理曰巴力頭，監工曰大工頭二工頭，均爲華僑所充任。礦工曰巴力鄉。巴力頭及工頭之威權甚大，常擊斃巴力鄉而無罪，因而引起種種之罪惡行爲。此不啻南國之地獄也。年來我國已頒有嚴禁此種契約工人出洋之命令，此風爲之稍殺。但邦加錫礦工人依舊不斷有其來源。負僑務之責者，幸注意及之。其次出產爲胡椒。島中北部，幾全爲椒園。年產二萬噸，値三百萬盾。再其次爲橡皮，各地均產之。華僑在此謀生者，全以此三種產物之有價與否，爲生活安定之轉移。一九二九年因椒價暴漲，島上經濟驟呈活躍氣象。汽車由一千一百輛，增至三千五百輛。斯時可以想見華僑內心之愉快。一九三五年倫敦胡椒市場價格跌落後，影響華僑之經濟極大，現多改營橡皮以求出路。木材亦富，檳港亦爲東印度十大林區之一。貿易總額一九四〇年爲六千萬盾，輸出爲五千萬盾，輸入爲一千萬盾。華校各港及巴力處均有，不下十餘所。學生約三千人。蓋已達學齡之華僑子弟半數已入荷華學校，不然學生人數當不止此也。此種入荷華學校之舉，實爲華僑教育發達之一大障礙。語言因僑民多客籍，故用客語。卽僑生與馬來人亦常用半唐番語。以馬來語中常夾以客語，故馬來人亦多懂客語者。

（二） 勿里洞島經濟鳥瞰

勿里洞島位于邦加島之東，地居爪哇海，東鄰婆羅洲，北鄰廖內羣島，南近爪哇。面積爲四千八百八十三方公里。內分五港卽丹絨板蘭、武陵、馬紇岸、黨登、丹是。人口爲七萬餘人，華僑已佔三萬，多客籍，亦如邦加島以種植橡皮、椰子及經營錫礦爲生。錫之產量僅次于邦加，一九四〇年產一萬八千噸，值三千萬盾。交通僅有丹絨板蘭一處，有內外洋之船隻開抵此間，可東通坤甸，北通新嘉坡，西通邦加，南通吧城。公路可通各埠。貿易總額一九四〇年爲四千萬盾，輸出爲三千餘萬盾，輸入僅數百萬盾，出超三千萬盾，故人民甚富庶。

第四項　荷屬婆羅洲經濟鳥瞰

（一）地誌

婆羅洲島位于爪哇之北，蘇門答臘及馬來半島之東，西里伯斯之西，菲律賓之西南，印度支那半島之東南。東臨西里伯斯海及馬加撒海峽，南臨爪哇海，東北臨蘇洛海，北臨南海，西臨加里馬達海峽。東起東經一百零八度五十分至一百十九度二十分，南至南緯四度十分，北至北緯七度三十分。面積總共爲七十三萬九千六百三十平方公里，較吾國靑海省面積尤大，爲南洋羣島中之第一大島。南部屬于荷，佔全島三分之二，面積爲五十三萬五千六百三十八平方公里，佔東印度總面積百分之三十五。北部屬于英，佔全島三分之一，面積爲二十萬零三千九百九十二平方公里。而加布亞斯及把馬波兩山蜿蜒于東北，成爲兩國天然之國界。至于東北山盡之處，經兩國劃定以北緯四度十分爲分界之處。地勢以加布亞斯山爲全島之背脊，故中部甚高。由此而下，遂成東南、北、西三大平原。氣候炎熱，在沿海一帶日出時爲七十二度午後三時高至九十二度，日落時又降至八十二度；在內地尤悶熱難當。風向四月至十月多東南風，十二月至三月多西北風。雨量甚多，全年在三千粍左右。降雨日數，亦年在一百八九十日。而降雨之密，恒少出五日之外者。惟濕氣過重，與夫諸河流之不潔，瘧疾、赤痢、脚氣病、霍亂症因之叢生，故不宜于居住。人種在沿海岸者多馬來族，在內地者多泰雅族。泰雅族人尚爲半開化之民族，性情殘忍，常獵取人頭以爲裝飾及婚娶之禮物。即其居屋亦建築于木樁之上。往往一屋之大，恒居二三十家。人口據最近之調查，荷屬婆羅洲總共爲三百萬人。其中華僑爲十三萬餘人。每方公里平均僅四人，故甚希薄。交通在海上因有坤甸、山口洋、馬辰、古達、馬路、麻里巴板、三馬林達、礁那港諸港口，故荷印王家輪船公司有船隻通航各地；渣華輪船公司之船隻，常開抵礁那港及麻里巴板；而新嘉坡華僑輪船公司之船隻，亦常開抵坤甸、山口洋及馬辰等港口。各港除麻里巴板、古達、馬路、礁那港、山口洋爲海洋港外，餘均爲內河港。河流甚多，爲內陸之重要交通工具，均發源于北部之加布亞斯山中。如加布亞斯河，亦稱坤江，向西流，經新釘、上候、大院、坤甸而入加里馬達海峽，長約七百一十四英里，爲婆羅洲之第一大河流。河面甚濶，下遊常達一英里，即上游亦在七百英尺左右。坤江潮漲甚遠，可上溯一百英里之地，故航運在吃水三英尺之小汽船，可達上游九百公里之布多普保地方。惟河流甚急，兩岸泥沙隨之而下，以致河床愈積愈高，水深不過四五英尺。河口遂成三角洲之地。居民多在河上架木屋而居。如巴里多河，長七百餘公里，能通航運者有五百公里，爲島中之第二大河流。河向南流經姆阿拉帝威、馬辰而入爪哇海。如馬恰敢河長六百餘公里，能通航運者有三百餘公里，爲島中之第三大河流。河向東流，經登加郎、三馬林達生瓦生瓦而入西里伯斯海。他如三發河，河源雖短，然吃水二十五英尺之船，可上駛三發埠。如三比河、亞魯河均可通行汽船。公路不發達，以內地盡屬榛莽人口又稀少故也。東印度政府于一九〇八年開始測量，至今可通汽車之路，僅屬于沿海一帶。有坤甸上候線、坤甸山口洋三發線，馬辰、古達馬路線，馬辰、姆阿拉帝威線，三馬林達、生瓦線。三十年來公路建築費已達三千萬盾。至鐵路現尚未興築，政府雖有建築馬辰、姆阿拉帝威線及馬辰、丹絨線之計劃，以財力之關係，其成功尚有待也。

（二）物產

農產以印度尼西亞人之橡皮爲大宗。多產于坤甸及馬辰一帶，約有橡樹三千萬株，面積爲三十萬英畝。產量佔印度尼西亞人橡皮總額百分之五十，爲八萬公噸。一九四〇年輸出值九千八百萬盾。其次爲椰干。產于濱海區域年產六萬噸，值三百萬盾。他如咖啡、烟草、胡椒、甘密亦產之。至于米穀，產量不足以自給，仍須外米以爲接濟。林產有千古未經斫伐之原始林，產量之多，據調查所得，其面積已達四十二萬方公里。現所採用者有柚木、烏木、竹籐等。一九三四年所伐之森林面積爲一萬六千方公里，不及林產總額百分之四。礦產以石油及煤爲大宗。石油產于東南婆羅洲之古底及礁那港。境內有直徑五吋之導油管六十五里之長，于此可以想見其規模之宏大。一九四〇年產原油一百八十萬公噸，值四千萬盾。煤產于古達馬路、三馬林達、千堂岸、普魯札武登那魯古丹絨昔羅一帶。他如金銀、金鋼鑽、白金、黑鉛、鐵、銅、鋅、鋁亦產之。貿易總額一九四〇年爲二萬萬五千萬盾，輸出佔四分之三，輸入佔四分之一。輸出之貨多爲石油、橡皮、煤、木材等。輸入多爲布疋、雜貨、米穀等。教育年來已漸進步。今有印度尼西亞人小學五百五十所，學生四萬人。荷人小學二十四所，學生三千人。較之一九二七年學生總數爲二萬三千人者，已增加二萬人。華僑居此者約二十萬人。在西婆羅洲一帶者，多潮梅籍，十分之七經營種植橡皮椰子，十分之三經營工商業。在東南婆羅洲者，多漳泉廣肇籍，以營商爲主，工人次之。華校有五十所，學生約五千人。若以人口爲比例，並未見其發達。總之荷屬婆羅洲爲東印度有希望之區，寶藏之富，不亞于爪哇及蘇島。開發之急務，當推修築道路。如是林產與礦產，當可大量供給于世界。惟東印度政府開發之步驟，先爪哇，次蘇島，再次始爲婆羅洲，今爪哇已開發無遺，現正從事于蘇島，故未能見其傾全力于婆羅洲之經營也。

第五項　荷屬婆羅洲各重要都市經濟鳥瞰

（一）　坤甸　經濟鳥瞰

坤甸現爲荷屬婆羅洲行政長官駐節之處。地居島之西部，面臨坤江下游，距海口十九公里。有木製之碼頭，長三百公尺，船舶可入口靠岸。居民多沿河浮家水上，入夜燈光倒影，景緻非常。交通海上有星洲及吧城之船隻，內河亦有新釘之小汽船。陸上交通有公路東通上候，北通山口洋，惟不能遍及于各埠。華僑居此者有數萬人，且有光榮之歷史。當清乾隆年間吾國嘉應人羅芳伯曾稱王於萬律，奄有坤甸、山口洋、喃吧哇之地，聲威振于南國。而吳元盛復稱王于上院。諸先賢者，固一時之雄也。華僑以潮州人及嘉應人爲多。潮州人尤握經濟上之大權，凡華僑所經營之銀行、輪船公司、出入口商、大農園等多在潮州人手中。華校有振強、中華、德育女校三校，學生八百人。出產以橡皮、木材、椰干爲大宗。貿易總額一九四〇年爲五千萬盾。凡西婆羅洲之出產，多由此出口。市內分新舊二區。新區居河之東岸，爲工廠及貨倉羣集之地。舊區居河之西岸，而華僑商業在焉。一九四二年日寇佔領砂勝越後，卽由該處派兵在邦戛登陸，隨卽南下陷坤甸。于是西婆羅洲遂入于日人之手。

（二）　馬辰經濟鳥瞰

馬辰爲東南婆羅洲之重要都市，亦爲島上貿易最古之港口。自昔馬辰蘇丹卽建都于此。地居宜加拉河之下游，距海口三十公里，大船可入。碼頭長二百四十五公尺，貨倉在其後。凡巴里多河流域所產之貨物，多由此轉運海外。出產有橡皮、椰干、胡椒、木材、煤等。橡皮爲東南婆羅洲之重要產物，多產于巴里多河、三比河、泰雅河一帶之潤濕地方，年產四萬公噸，值二千五百萬盾。絞膠廠有五，日人佔其三，華僑與阿拉伯人各佔其一。東南婆羅洲宿稱富庶之區，土地肥沃，稻田椰園隨處可見，而森林面積之廣，尤足驚人。今未加積極經營，猶有此成績，則他日之開發，其前途正不可限量也。貿易總額一九四〇年爲三千萬盾，輸出佔五分之四，輸入佔五分之一。輸出以土產爲大宗，輸入以棉織品爲大宗。海上交通有星洲及爪哇之船隻，年在三百餘艘，內河如巴里多河、宜加拉河，均可通行小汽船。陸上交通有公路以通東南濱海區域。華僑居此者有五六千人，多漳泉籍，以經營商業及種植橡皮爲主要。

（三）三馬林達經濟鳥瞰

三馬林達又稱古底，爲婆羅洲東部繁盛之區。地臨馬恰敢河之下游，距海口三十餘公里，大船可入口靠岸，一小時餘始達。凡馬恰敢河流域所產之貨物，多由此出口。出產以石油爲大宗，產量佔東印度石油總額百分之十二。一九四〇年產一百萬公噸。麻里巴板之石油廠，規模甚宏大，經營之者爲英荷貝殼公司。其次所產爲橡皮、煤、木材、籐等。海上交通有荷印王家輪船公司之船隻，以通東印度各港。內河則有小汽船可上溯馬恰敢河四百公里之地。婆羅洲東部所產之貨物，得以運輸于外者，馬恰敢河之功實甚大。境內有華僑一萬餘人，多閩粵籍。閩僑以經商爲主，粵僑則多屬工人。此地蘇丹之威權甚大，凡境內一切行政司法財政之大權，均歸其掌握，荷人僅監視之而已。蘇丹宮居登加郎之地，距三馬林達有三十公里之遙。宮內富麗，爲市內之唯一西式大建築。後宮有妃嬪四十人，王子亦達八十四人。王雅好鬥雞，每日皆舉行。舉行時，王輒頭戴四磅重之金冠，身御將軍戎服，而頸上奁以金鋼鑽之項圈與臣民相博。蓋蘇丹之嗜鑽石有如愛其生命也。一九四二年日寇之進攻東印度也，卽首先侵入婆羅洲東北之小島塔拉根島。島上防禦力脆弱，被迫停止抵抗。該島爲婆羅洲石油出產著名地，年產八九十萬公噸，致守軍不得不破壞其油田，以免資敵。比後敵軍繼續南下，侵佔三馬林達、廟里巴板。未及一月，而荷屬婆羅洲遂全部爲其所佔領。今雖收復，而創痍滿目，百廢待舉矣。

第六項　其餘各島經濟鳥瞰

（一）西里伯斯島經濟鳥瞰

西里伯斯島位于東經一百十八度四十五分至一百二十五度十七分，南至南緯七度八分，北至北緯二度十二分。爲四大半島所合成，形如K字。東臨摩洛加海峽，與摩洛加羣島爲鄰。北臨西里伯斯海，與菲律賓羣島爲鄰。西臨望加錫海峽，與婆羅洲爲鄰。南臨佛羅理士海，與小巽他羣島爲鄰。面積爲十八萬九千零三十四方公里，與吾國陝西省面積相若。行政長官駐錫江，以統治西里伯斯、小巽他羣島及摩洛加羣島。島上人口爲四百餘萬人，每方公里爲二十二人。南部較密，有三百餘萬人。北部較稀，僅有一百餘萬人。華僑居島上者有四萬餘人，多閩之漳泉籍，以營商爲主。人種約可分爲四類：一爲亞富冷族，開化較遲，初散居全島，後以他族侵陵，乃避居內地。近以政府施與教育及宗教之關係，多同化于西人。二爲武吉斯族，居島之東南半島，以航海爲生。駕一葉之輕舟，擧凡捕魚裝載搬運之事，皆彼輩爲之。三爲望加錫族，居島之西南半島，多經營商業。四爲多拉耶族，爲島中尚未開化之民族，現散居內地山林中。灣港甚多。北半島與東半島之間有多明尼灣，灣內有多吉安羣島。東半島與東南半島間有多洛灣。灣外有邦吉羣島。東南半島與南半島間有普尼灣，灣外有普敦諸島。各灣港內之水量均甚深，大船可入。港口以錫江爲島上之第一良港，居南半島之西岸。萬鴉老爲第二良港，居北半島之北。他如普尼、巴老保、浪牙、務峨崙礁、老保蘇、萬打營、馬振利、薩禮汝等數十港，均可通行航運。凡至澳洲及摩洛加羣島之船隻，無不從島上經過，故西里伯斯島實爲亞澳交通之總匯。陸上交通僅南半島及北半島有公路，以通各埠。因島上之交通全恃海上，故公路鐵路河流均不及他島也。氣候甚温和，有如吾國之初秋，實爲他島所不及。出產有咖啡、椰子、香料、西穀米、木材、白籐、金銀、海產、珍珠等。貿易總額年在五千萬盾，輸出佔五分之三，輸入佔五分之二。以無大農園及大工廠之關係，故無大宗物產輸出。雖西里伯斯之土地膏腴，然以東印度之地廣人稀，即欲開發，實力有所未逮也。

（二）　西里伯斯島各都市——錫江及萬鴉老經濟鳥瞰

錫江又譯稱望加錫，故馬加撒，爲東印度之第六大商港。地扼亞澳交通之樞紐，凡由亞洲至澳洲之船隻，多由此經過。且又爲摩洛加羣島之市場，凡羣島之貨物莫不由此輸出。貿易總額年在二三千萬盾。海上小島林立，爲其天然之避風所。海水甚深，巨輪均可靠岸。海口有三碼頭。一長一千四百二十五公尺，吃水九公尺之船可入，一長七百三十公尺，吃水七公尺半之船可入。一長二百八十公尺，吃水三公尺之船可入。防浪堤有二。一長五百公尺，一長五百二十公尺。貨倉甚多。起重機能起重七十五噸。海上交通有澳洲亞洲及東印度內洋各線。入口船隻，年在一千艘左右，容積爲七百萬噸。鐵路僅有南通打加拉四十七公里之一段，蓋陸上之交通，遠不及海上之重要也。市內街道甚整潔，建築多西式，風景亦幽美，而氣候又清涼，誠熱帶上之樂土也。華僑貿易于此者，有一萬五千人，資本甚雄厚，多經營輸出入商，而零售商亦不在少數。華校有中華、平民二校。華文報有民聲報一家。一九四二年望加錫之海戰，使日寇損失艦輪四十六艘（內有航空母艦一艘、軍艦九艘、運輸艦三十六艘），噸位十萬噸。致一萬二千人葬身魚腹，爲其南侵戰役中最大之損失。但不久敵終于在望加錫登陸。故望加錫一名將在海戰史上佔重要之地位。

萬鴉老地居西里伯斯島東北角上，扼摩洛加羣島西北之咽喉，凡摩洛加羣島西北之出入，無不由此經過，故其地位甚爲重要。居民爲亞富冷族，篤信耶教，衣履皆歐化，不赤足，不著紗籠，蓋已脫南洋之馬來化而爲歐化矣。此爲東印度各島中之所特有者。氣候清涼，土地肥沃，出產有大宗之椰干、咖啡、肉荳蔻、玉蜀黍等。椰干之用途，在今日大爲增加。因乳油已與麵包被人類視爲同等重要。人類生活之標準愈高，則世界對于牛油之需要亦愈增加，而椰干遂成爲不可少之物。椰干獲利既厚，故今日椰子業已取香料地位而代之。因現在之冷藏，既可保護新鮮而不朽臭，致名貴之香料食品，遂不能稱爲時尚；而香料羣島之一向被人所重視者，今已成爲歷史上之陳跡。他如多琢之產金，亦甚著名。貿易總額年在四百萬盾。以無大企業之關係，故難與其他大埠相伯仲。海上交通甚便利，入口船隻年在五百艘左右，容積約二百萬噸。陸上交通僅有通鄰近各埠之公路。華僑經商于此者有五千人，多閩之漳泉籍。

（三） 小巽達羣島經濟鳥瞰

小巽達羣島地居東印度之南，爲大小百數十島嶼所成。位于東經一百十四度二十八分，至一百二十七度二十七分間，南緯七度五十八分至十一度二分間。東臨亞富冷海，與摩洛加羣島爲鄰。北臨佛羅理士海，與西里伯斯島爲鄰。西臨巴利海峽，與爪哇島爲鄰。南臨印度洋，與澳大利亞洲爲鄰。面積總共爲七萬三千六百十四方公里，佔東印度總面積百分之四。島之大者，爲巴利、龍目、松巴窪、松巴、佛羅理士、帝問等島。惟帝問島之東部爲葡萄牙與荷印所共有。氣候甚乾燥。雨量愈東而愈少，在巴利、龍目一帶，年在一千二三百耗，降雨日數平均爲八十餘日。在咩呀布一帶，年在八百耗，降雨日數爲五十餘日。人口總共爲三百餘萬人，多信奉婆羅門教。當十五世紀時，爪哇爲回教侵入，而印度教徒不肯改教，遂被迫遷至巴利，仍信其教。今日巴利婆羅門廟宇之多，與夫焚屍之風仍熾者，蓋即遵行印度教之儀式耳。出產在巴利以產猪、牛皮及咖啡著名。猪多運銷于爪哇及新嘉坡一帶。龍目多產猪、米、烟草。松巴窪多產駿馬及鹿茸。佛羅理士多產椰干、咖啡、燕窩、魚翅、玳瑁、蠟。松巴多產檳香、牛皮、鹿茸。帝問多產牛皮、鹿皮、檳香等。而此地海上鱷魚生產之多，堪與非洲相伯仲。貿易總額與摩洛加羣島總共年在三四千萬盾。商業多操諸華僑手中。僑民有一萬八千人，以漳泉、福清、嘉應等地人爲多。尤有可紀者，即吾國近代有孔之銅錢，仍盛行于此地，每盾值五百二十枚。雖東印度政府屢加取締，而印度尼西亞人依舊通用，且常以之爲禮物，奉之爲祭品，其珍貴有如此者。海上交通有峇釐、峇陵、峇塘安班瀾、美馬、哇呀布因梨古邦諸口岸，爲各島貿易之港口。荷印王家輪船公司之船隻，均定期往來于西里伯斯、爪哇及摩洛加羣島間。陸上交通各島亦多有公路，以行駛汽車。此地風俗，婦女無論家居與外出，均不著上衣，故雙乳外露，致初至島上者無不驚訝。一九四二年日寇在帝問及巴利兩島之登陸，其目的在重演新嘉坡施用之孤立包圍戰略，使爪哇與澳洲脫節。後爪哇在西方因日寇佔領巨港，已告孤立，而在東方巴利及帝問之淪陷，使爪哇與澳大利亞之海空聯絡實際上變爲不可能。于是巴利大海戰以起。美荷軍戰略重大，擊沉與毀傷日艦達十九艘之多。終以日寇聯合艦隊之實力强大，獲得制空及制海權，于是巴利不守，而爪哇亦隨之陷落。

（四）　摩洛加羣島之經濟

摩洛加羣島爲亞洲香料之名產地，故又稱香料羣島。當十五世紀西人之東來也，其志在得香料。今則不僅香料，而土地亦爲人所囊括矣。羣島位于東經一百二十四度五分至一百四十一度間，南至南緯九度二分，北至北緯二度三十二分，爲無數島嶼及新幾內亞島之西部所合成。今新幾內亞已離摩洛加而分治。島之大者爲椰怡羅羅、昔蘭、務汝、蘇拉亞汝、帝摩勞務等島。面積總共爲四十九萬六千四百五十六方公里，佔東印度總面積四分之一。人口極稀少，僅有九十萬人，平均每方公里不及二人。人種除馬來族外，尙有巴布亞族。巴布亞族爲今日尙未開化之民族，性殘忍好殺，男女均赤裸其身，其居處或架屋于大樹之上，或露天而野宿，不改太古時代穴居野處之遺風。香烟最爲巴布亞人所需要，今已成爲其通行貨幣，四支香烟，卽爲一日之薪金。以香烟可購買其他貨物。于是鹿特丹之藍色包香烟，遂成爲其上等貨品，而其他香烟則皆爲巴布亞人所拒絕。蓋此地多爲以貨易貨也。氣候溫和，溫度常年爲攝氏二十五度左右。雨量亦多，全年在二千粍以上。降雨日數亦常在一百五十日。出產在安汝產丁香，務汝產白樹油，椰怡羅羅產肉荳蔻，昔蘭與新幾內亞產石油，多薄產珍珠，新幾內亞產霧鳥，他如橡皮、椰干、西穀米、海參、海螺、鹿茸等，各島亦多產之。貿易總額年在一千三百萬盾。港口甚多，安汝卽爲天然之良港。東印度政府於此駐有重兵及艦隊，以鎭守東部各島。安汝人爲印度尼西亞人中之最忠心于荷人者，慕歐風，習歐俗，蓋幾與歐人同化矣。東印度之兵士，多爲安汝人。他如干那低、南禮亞、爪羅爪、發伐、荷蘭諦亞、馬羅居、任礁、尼勞、碾拉等港，均爲海上交通之要地，水量甚深，故船隻往來甚多。蓋摩洛加羣島之交通，全恃海上也。華僑居此者有八千餘人，多經營商業，以漳泉人爲最多。總之摩洛加羣島今日猶爲荒涼之地，蓋以地闊人稀，若言開發，似嫌過早。一九四二年日寇侵佔安汶後，即在摩洛加羣島、小巽達各島及新幾內亞島廣築飛機場，以轟炸澳大利亞；並在安汶駐有强大艦隊以威脅之。致一九四四年新幾內亞遂成爲敵我兩軍爭奪戰之中心。一九四五年安汶更成爲盟軍戰略上必爭之地。是年盟軍攻克千那低諸島。

東印度羣島東面諸島並未參加晚近商業發展之任何大範圍，故其企業上之農業，可謂全不存在。此蓋由於居于該地稀疏之巴布亞人多甚怠惰，及過去之不安定與隨之而來者。爲白人之高壓政策與治理之不當，及獨佔香料之經常戰爭之結果所造成；但自然環境必須負起今日落後之大部分責任。此種島嶼多爲山地，與新幾內亞隔離，面積狹小，故耕地甚少。其乾燥之氣候，限制可能生長農作物之種類。不僅如此，此等島嶼復被與航線隔離之不利地區所阻隔。僅椰子與各種森林如樹脂之出產，爲主要輸出之商品。萬達羣島依舊爲肉荳蔻及香料之出產地；而安汶及昔蘭則以丁香爲重要之輸出。雖然其往日之獨佔已成過去，此一區域在海中又出產眞珠貝殼及其他海產如海參魚翅，以供我國人之消費。無可疑慮者，摩洛加羣島在世界市場上將永不再表演其爲重要角色。至于荷屬新幾內亞，則尙屬疑問。其低地及四周高原之範圍，以及潮濕之熱帶氣候，頗有希望；而無火山之活動，而爲其缺陷。此處原始之巴布亞人，從未捲入于世界商業之中，同時在體質上或習慣上尙不適宜于有規則之勞働，故勞力與資本必需由外方輸入，以資開發。此種土地之性質，至今尙不明瞭。在最近五年中勘査實驗之結果，商人之統治僅限于若干海岸據點。惟現在已伸展至整個海岸，及進入內地。各種探險隊，藉無線電空中線之攝影術，以政府實驗之農作物爲根據，求知此廣大地區頗適於橡皮、木棉、咖啡之種植；木材之來源，以及其他各種森林之出品皆在硏究之列；而第一種明確之結果，即無機礦物之來源已被獲得。此即今日新幾內亞石油之被人認爲有無窮之希望也。

第九章　東印度華僑之經濟

第一節　東印度華僑之拓殖

第一項　華僑南移史略

（一）晉唐時代

華僑之入東印度也，其年代雖不可攷，要當遠在秦漢時代。其見于史乘者，在晉時有高僧法顯往天竺（今印度）求經。其歸國後所著之佛國記一書，曾言及之。內云「顯自獅子國（今錫蘭島）乘商人船，可載二百餘人，繫一小舟，得好信風，東下三日，遇大風，船壞漏水，入小舟斷絙去，飄流十三晝夜，至一島邊。補舟後，復行九十餘日，至耶婆提國，停此國者五月日，隨他商人船東北趨廣州，時晉義熙十二年也。」又其記耶婆提國之事云：該國外道婆羅門興盛，佛法不足言等。」按耶婆提即今爪哇之梵音，且五世紀之世，爪哇爲印度婆羅敎侵入之時代，佛國記所載耶婆提國之事實，與斯時爪哇之事相合；而晉義熙十二年，正耶穌四百一十四年，時間亦相合也。法顯之北歸也，係乘他商人船東北趨廣州。據此則耶婆提國之與廣州往來，當有相當歷史，而非起于法顯之時，亦非法顯一人而已也。

五代時婆利（今巴利島）干陁利（今亘港）兩國，均來朝貢。唐時聲威更振于南國華僑今日多自稱曰唐人，華僑居區曰唐人街回國曰唐山者均唐代之遺威也。時國家並設市舶司于廣州、泉州、杭州諸港，以爲海外貿易之區。卽東印度之國家，其來朝貢者，亦有亞齊、訶陵（今西爪哇）、室利佛逝（干陁利國）等國。宋時三佛齊（今亘港）國遣使稱臣中國，神宗賜其詔書曰：「吾以聲敎敷露方域，不限遠邇。苟知忠義而來者，莫不錫之以華爵，耀之以美名，以寵異其國。爾悅慕王化，浮海貢琛，吾用汝嘉，併超等秩，以昭忠義之勸。」終宋之世，三佛齊不絕朝貢。

（二）元明時代

元時蒙古以戰勝宋室之餘威，復大用兵于南洋，先後征服安南、暹羅、緬甸、蘇門答臘等國，惟爪哇不服。世祖乃遣右丞相孟淇往諭降，被黥面之辱。世祖大怒，于至元二十九年（一二九二年）命史弼、高興、亦里迷失等率舟千艘，兵二萬討之，由泉州出發，經枸欄山（今婆羅洲西南岸之島嶼）至吉利門及廚閩登陸後，水陸並進，水軍由廚閩及戎牙路港口（卽泗水河口）循麻哈八歇浮梁前進，馬軍自廚閩陸行，大軍會于八節澗。澗上接杜馬班王府，下通莆奔大海，爲爪哇咽喉必爭之地。會爪哇國王爲鄰近葛郎國（今諫議里）所攻殺，其婿士罕必闍耶擧國來降，並求救兵，但其謀臣希寧官沿河泊舟，觀望成敗，諭降不應。史弼乃于澗邊設營，留兵守河津，自率水陸軍並進，希寧官懼，棄船而逃，獲得鬼頭大船百餘艘，遂分三路進攻葛郎國，逼其首都答哈。葛郎國以十餘萬軍應戰，自卯至未時，連戰連敗，葛郎國王哈只嘻遂降。既而士罕必闍耶叛變，元將遇害者數人，士兵死者三千餘人，弼等力戰乃得還，僅取哈只嘻妻子官屬百餘人而歸。是役也，喪失貨幣五十餘萬，所得不償所失，然元軍之威名，至今猶令南人戰慄也。

明洪武二年（一三六九年）太祖遣使至爪哇，賜璽書，隨入貢。並封其蘇丹為國王。永樂三年，三佛齊國王曾遣其子入貢。同年成祖復遣太監鄭和宣威德于域外。鄭和雲南昆明人，本姓馬，世奉回教，入明宮為宦監，賜姓鄭，宮中呼為三保。先是成祖篡位後，恐建文帝流亡海外，乃遣鄭和及尙書王景宏出海巡視。造大船六十二艘，修四十四丈，廣十八丈，載士兵二萬七千八百人，由瀏河口起航。至宣德五年，往來于海外者先後凡七次，共二十七年，遠至東非洲，凡不服者懾之以兵力。其在東印度所征服之國，亦達十二國，即枸欄山、舊港（今巨港）、加里馬打（今婆羅洲與蘇門答臘間之小島）、麻逸洞（今勿里洞）、爪哇、蘇門答臘、戎牙路、吉里地悶、南渤列（今亞齊）、李隸（今蘇島）、耶哥羅安（今蘇島）、龍涎嶼（今沙璜港）等。和至舊港時，擒其頭目陳祖義而歸誅之。陳本粵人，為盜海上，為三佛齊王梁道明所招撫，而畀以舊港之頭目。陳雖遣子士良入貢，然為盜如故，貢使往來者苦之。鄭和過蘇門答臘時，遣人招撫。祖義偽應，而潛謀刼之以示威。其僚屬施進卿潛告和，和預為備。祖義率衆來，大敗被擒。時進卿適遣婿邱念誠朝貢，因以進卿為宣慰使，遂年年入貢。和至爪哇、三寶壠時，王景宏即卒于此。

和至順塔（今西爪哇）時，見其地多廣東及漳泉人，商業甚盛。和至蘇門答臘國時，王子蘇幹利方謀弒王自立，且怒和賜不及己，率兵數萬邀擊和軍。和率衆及其國軍與戰，擒蘇幹利誅之。今日南洋華僑之談鄭和者，無不稱道之。

（三）遜清時代

明社既屋，清代崛起，憤鄭成功在台灣之義舉，因而嫉視閩省之華僑，遂有禁人民出海之條例。大清律例二百二十五條云：「一切官員及軍民人等，如有私自出海經商，或移往外洋海島者，應照交通反叛處斬立決。府縣官員通同舞弊，或知情不舉者，皆斬立決。儻屬失察者免死，革職永不叙用。道員或同品官員失察者，降三級調用。督撫大員失察者，降二級留用。如能于事後拿獲正犯明正典刑者，得免議。」其取締之嚴厲，遂造成今日之種種罪惡，如吧城紅溪之役是也。一六一九年東印度總督科恩虐待吧城之華僑，主張虜之爲奴隸，以開闢土地。于是有焚毀華僑居屋，沉沒中國船隻，及強迫華僑移居吧城、萬丹、井里汶三地之舉。一六四三年明朝亡後，其遺民多亡命海外，吧城華僑乃大增，由數千人而驟增至十萬人。凡巨商大賈，無不操諸華僑之手，卽外島之各種專利事業，亦幾盡華僑爲之。于是荷人大懼，每用其政治上之勢力對待華僑。一七〇六年創立新例以限制之，每船只許新客一百名登岸。凡華僑入境者，須得許可證，方准居住。于是東印度公司之職員，視居留字爲奇貨，課稅甚重。然東印度政府猶未已也反變本加厲虐待更甚，禁華僑在路旁開設食物店，禁止隨意遊行各村落，禁止無業華人居留，如果犯禁，非送還中國，卽遭放逐錫蘭及好望角。蓋其時錫蘭與好望角尚隸屬于荷蘭也。一七四〇年東印度政府强逮華僑數百名，揚言將遣戍錫蘭島，迨船出爪哇海口後，卽棄而投之海中。其中有善泅水者，于逃生後，潛回吧城，將實情傳出。華僑大嘩，謂荷人絕滅人道，吧城華僑必將盡遭屠殺。而東印度總督凡立琴尼復下令，凡有疑問之華僑，不論有無居留字，皆逮捕之而付以審問。而荷蘭官吏卽利用此種命令，向有資產之華僑，大事勒索，如有不從，卽以亂黨誣之。于是此十萬之華僑，惶惶然無以自保。時適吧城華僑區失慎起火，荷人卽嫁禍于華僑，謂華僑有危害歐人生命之擧動，乃派兵圍攻華僑住區，礮火交加，不幸此大批手無寸鐵之華僑，慘死于河中者萬餘人，家室被焚者六百戶，河爲之赤。事後福建總督策楞，提督王郡，奏于朝廷，請停止荷蘭貿易。荷人亦恐清廷興師問罪，乃于一七四一年遣使謝罪，並曲爲解說，謂事出萬不得已，以致累及無辜。乃乾隆帝反答曰：「莠民不惜背棄祖宗廬墓，出洋謀利，朝廷概不聞問」云。噫！清廷之昏瞶，與夫虐待華僑也有如是！無怪年來華僑之熱心贊助革命也。事後東印度政府乃宣佈恢復和平，赦免逃死華僑之叛逆罪，並指定市內之華僑居住地，卽今日吧城之舊區也，不得隨意遷居。此種條例，直至一九一九年方完全廢除。此外又發行通行證。如欲往外埠採辦米穀、烟草等貨物，須先請准長官，得其許可，方得出外貿易，免與政府經營之商品競爭。此種制度對華僑經濟活動之影響，殊爲重大。

吧城慘殺之後，虎口餘生之華僑，相率逃往南望及爪亞藍一帶，聯絡自保，而荷人復派兵八百名尾追。華僑爲自衛計，乃組織軍隊，築壕固守。三寶壠淡目之華僑亦起而自衞。馬達蘭姆國蘇丹務文那第二亦暗助華僑以軍械，並約期華僑得勝，則宣佈脫離荷人統治。不幸華僑圍攻三寶壠之軍隊四月不下，而蘇丹務文那第二亦變節降荷。其部下憤其無能，乃奪其王地，擁立加冷地爲蘇丹，一致援助華僑。前王務文那第二既失王位，遂求救于荷人，于是華僑之軍事遂告失敗。是役也，據荷人調查，吧城華僑僅餘三千四百三十名壯丁。其中一千四百四十二人經商，九百三十五人經營園藝、燒窯及釀酒，七百二十八人搾糖及砍柴，三百二十六人靠手藝過活。夫以十萬之衆，經此次大屠殺，而僅餘此數，亦可謂慘矣。

道咸以後，我國海禁大開，列强紛紛要求利益。清政府乃覺悟歐人富强之由，完全出于政治經濟組織之進步，與夫技術之優越，遂亦瞭解其海外華僑之用途，爲資本上之大來源。一八八七年乃派遣商務委員至東印度，以研究兩國間之商業問題。惟此種派遣，東印度頗不表歡迎。我國政府愈關心華僑事務，東印度政府愈表厭惡，以其深願華僑與祖國隔離，而歸化于該邦也。是年委員南來之手續，完全由北京外交部與海牙外交部辦理者，故東印度政府不得不以外交官待遇，優渥招待。一八九一年清政府曾照會東印度政府，准其在華僑中募集水災賑款。一八九四年清政府乃反前時之仇視華僑政策，取消移民限制律例，准許國民移往他國。此爲我國殖民政策之一大轉變。此後即本此政策，設法使華僑與祖國發生關係。一九〇〇年吧城華僑領袖潘景赫等，鑑于祖國維新，廢書院設學堂遂創辦八茶罐中華會館以興學。是爲東印度有華僑學校之始。一九〇三年戊戌變政後，康有爲南遊爪哇，目擊僑社落伍之象，乃鼓吹新學。于是東印度之華僑聞風興起各地華校。相繼設立。一九〇五年兩廣總督岑春萱派劉士驥南來視學，以推廣學堂。一九〇六年清政府又派商務委員至爪哇。從此中華商會遂有統一之形式。同年南京視學又奉皇帝之命，視察華僑教育，指導海外華校與祖國學堂採取同一學制。一九〇七年清政府又派農商部楊副秘書長視察東印度之商務，結果華僑提訴不少呈文。一九〇八年我國出席海牙和平會議秘書王廣圻，奉派視察東印度華僑，在泗水舉行華僑登記。凡華僑自願爲中國籍者，卽爲中國國民。任其自由選擇國籍以解決中荷兩國間之國籍問題。然尤能令華僑對祖國發生莫大之興奮者，厥爲祖國派遣軍艦巡視南洋，宣慰華僑事件。當一九〇七年，北洋艦隊曾派何品璋爲隊長，率海容海籌兩巡洋艦巡視西貢及新嘉坡各處，備受僑胞之歡迎，與當地政府之禮敬。一九〇八年薩鎮冰奏請，每年派艦遊歷南洋，宣慰華僑，朝議允行。一九〇九年乃派楊士琦率海圻海容兩巡洋艦，巡視南洋。由上海出發，過香港、歷西貢、新嘉坡、坤甸、巴達維亞、三寶壠、泗水、峇釐陵望加錫等港口。同來者有農商部秘書王大貞。當船抵爪哇海口時，華僑之歡欣，甚至有樂極而淚下者。蓋東印度華僑飽受荷人壓迫久矣。祖國政府一向對華僑既採漠視政策，不聞不問，而其積弱又每爲外人所輕視。華僑處此情勢之下，惟有忍受而已。今祖國政府一反前時之政策，派海軍巡視南洋，以宣慰華僑，在華僑方面實有兩種觀感，一爲祖國政府既眷念華僑，則華僑之在海外，當可得到祖國政府之保護，非如前時有寃苦無可申訴；二爲荷蘭本爲一小國，一切皆不如我，今我有海軍之巡視，當可使東印度政府不敢再加輕視，並因以優待華僑。故其歡迎盛況在東印度實爲空前。一九一〇年清政府復派海琛巡洋艦，巡視西貢及東印度各港，同來者有農商部趙從蕃以視察華僑商務。上述乃清政府變更華僑政策後之積極政績也。

（四）民國時代

入民國而後，祖國政府對華僑益加重視。一九一三年，新任荷蘭公使魏宸組，在其赴任途中，曾親至東印度視察僑務。一九一四年祖國政府因華僑之請求，與東印度政府交涉，獲得取消對華僑之警察審判權。一九一九年又交涉全部歐人之法律除遺產法及習慣法外，一律施于華僑，以期達到與歐人待遇平等。一九二八年日本得到與歐人同等地位後，遂使華僑對國家地位上發生反感。一九三〇年祖國政府宣佈中國法律將完全採用西歐法律原理後，迫使東印度政府不得不計劃在法律上予華僑以與歐美日人同等之待遇。終以東印度政府無誠意，藉財政困難爲理由而擱置。蓋不願生長斯土之華僑，認爲我國國民也。

祖國政府對華僑既極關懷，深知欲發展僑務，必先有僑務機構爲之管理。一八五九年即咸豐九年，清政府乃于廣州、廈門、天津、寧波等處設立出洋問訊局。一九一八年北京政府爲和綏華僑革命作用起見，乃在國務院之下，設置僑工事務局，一九二二年改爲僑務局。一九二四年我 總理爲眷念華僑贊助革命，特于廣州大本營內設置僑務局之機構，以謀僑民之利益。一九二六年第二次全國代表大會決議，在廣州設置僑務委員會。一九二七年國民政府奠都南京，特于外交部之下設置僑務局，又于大學院之下設立華僑教育委員會。一九二八年第四次中央執監委員會決議，規復僑務委員會，隸屬國民政府之下。一九二九年改隸中央執行委員會。一九三一年中央政治會議決議，將僑務委員會改隸行政院。一九三四年復在上海、廈門設置僑務局。一九三六年及一九三七年。一九三七年又于中央執行委員會之下增設海外部，以辦理海外華僑黨務。一九四一年行政院頒布緊急時期護僑綱要，設置回國僑民事業輔導委員會，以管理歸僑事務。此祖國政府對僑務機構設立之概略也。

（五）據土稱王之華僑

華僑不以國家經濟力量，而個人在海外擁有數千萬之財產者，不可勝數；不以國家兵力，而在海外據土稱王者，尤爲華僑史上之光榮記載。在明代已有梁道明、張璉諸人之王于三佛齊，在清代則有羅芳伯、吳元盛王于西婆羅洲，張傑諸王于龍目，翁阿二王于呇眼亞比。茲分述于後：

（一）羅芳伯　芳伯又名大剛，粵之嘉應石扇堡人。少孤，家貧，既長，喜擊劍，人莫能當。慷慨好義，以尙俠聞。清乾隆年間，由虎門放洋南渡，直至婆羅洲西岸，在三發登陸，遂僑居焉。于時地多未闢，長林茂草，廣袤無垠，而土蠻蠢動異常，行旅苦之。我華僑倡天地會自衛，舉芳伯為領袖。芳伯復聯絡三發蘇丹，結為兄弟。凡華夷交涉，悉由芳伯判決。開誠布公，甚得衆心。適其地多鱷魚為害，芳伯為壇海側，陳列犧牲，取韓昌黎文，讀而焚之，鱷魚遁去，人益畏而敬之。越年蘇丹與土蠻搆釁，蘇丹兵屢敗，芳伯率衆助蘇丹，大敗土蠻。事平後，蘇丹益德華僑，割東萬律一隅，俾華僑自主。芳伯遂據有其地，號大唐客長，時清乾隆四十一年，即一七七八年也。建都東萬律，更擴充其地；東至蘭臘，西迄坤甸，南暨上候，北達鹿邑。凡喃吧哇、山口洋、大院等地，皆隸版圖。當時華僑多以採金為業，芳伯創立蘭芳公司，自稱蘭芳大統制，專營礦務。又設官吏，建軍備，開阡陌，立市廛，興學校。所轄人民已達十一萬之衆，儼然一獨立國矣。越四載歿，年五十有八。萬律人立廟以為紀念，歲時奉祀不絕。芳伯既歿，部下江戊伯繼其位。江固一偉丈夫，能舉八十斤鋼刀作旋風舞。江傳闕泗伯。闕歿，戊伯復辟，再傳宋插伯。宋傳劉太王。劉傳劉台義。義傳古六伯。古傳謝銘。謝傳葉鵬輝。葉傳劉壽三。壽三死時，荷人假送喪為名，舉兵至萬律。時梁路義為將，率衆拒之，斬荷將阿成堅。荷師敗績，乃賄蘇丹，使土蠻內擾。內外受敵，國遂亡。時光緒十年，即一八八四年。計傳十人，歷時百零九載。世世讓賢，大有唐虞風。斯亦我中華民族在海外之光榮也。

（二）吳元盛　元盛粵之嘉應人，生于乾隆初年，與羅芳伯同里閈。因憤滿清之淫威，八旗子弟之橫暴，乃謀起義。事洩，乃與羅芳伯及其部衆逃至西婆羅洲之喃吧哇，以採掘金沙為業，勢益衆，並為羅芳伯平定土蠻之亂。時芳伯以苛加奴、上候兩大重鎮，居坤江上游，夙稱難治，知元盛才，乃以斯二邑封之。時大院蘇丹橫征苛斂，忌元盛甚急。元盛故遣使卑詞朝聘，使不之疑。一方則興造船舶，操練精鋭，一擧而下之。雖蘇丹之后驍勇過人，率兵來援，圍困元盛，元盛又以計破之。遂王其地。時乾隆四十八年事，卽公元一七八三年也。惜一傳之後，爲荷人所乘，遂失國。

（三）張傑諸　傑諸粤之潮州人。少孤，家貧。年十二，隨航船爲人廝役，以至爪哇，年長往來貿易于爪哇帝問各島間。會龍目之沙噸人多與傑諸善。此蓋宋元遺兵之苗裔也。創團練，擧傑諸爲團總。又徵烟税，以供團之經費，而蘇丹不允，傑諸戰而勝之。蘇丹敗走巴利島，引巴利援軍來攻，又爲傑諸所敗。傑諸遂奄有其地而王焉。乃改刑律，定法制。時龍目無華僑，傑諸乃多方招致，優加待遇。凡初至島上者，賜米千斤，少女一人以資侍應；並給與資本，以經營各業。于是華僑大盛。至光緒七年，卽公元一八八一年，荷人突以兵力據其海口。傑諸以外無祖國援兵，內力不足以抗敵，遂忍痛失國。越數年，傑諸暴病死。荷人沒收其財產，達三千八百萬盾；並以三百人運其珠寶，日往返三次，凡三日夜始盡，于此可見其富有。

（四）王某　閩人王某，佚其名，于明萬曆年間，稱王于婆羅洲。或謂鄭和下西洋時，閩人從之，道出婆羅，有留居于此者，後遂據有其地。有金印一，纂文上作獸形，言永樂朝所賜。民間嫁娶，必請此印，印背上以爲榮。其後爲佛郎機擧兵來襲，不敵，乃率國人避入山中，放藥水流出，毒殺佛郎機人無算。王得返國。佛郎機遂改犯呂宋。或曰：佛郎機非法蘭西之譯音，而係西班牙之別稱。考之歷史之年代，正西班牙人東來之時也。

（五）鄭思肖　明遺臣鄭思肖，名所南。福建連江人。宋室既屋，不事元廷，乃偕鄉人同往爪哇。至八大威，以茶葉八罐與爪哇人貿易而居其地，因名其地曰八茶罐。建屋二十六間，又名其地曰二十六間。其遺跡至今猶存。此今日吧城華人區域中有八茶罐及二十六間之街名也。

（六）翁阿二　台灣人翁阿二，落魄南洋，輾轉至蘇島之沓眼亞比。時沓眼亞比福建洪姓人甚多，問姓氏，以翁對。洪姓人誤認為同宗，蓋泉州語翁洪同音也。阿二固曾讀書者，乃為衆司文牘，兼講古今大事。洪姓人以為才，大悅，推為族長。阿二乃將該地加以組織，分科辦事，儼然有自治政府之雛形。此清同治年間事也。其後荷人自爪哇至，見其地肥沃，舉兵襲之，遂奪其地而賜阿二為該地甲必丹以榮之。

（七）王順塔　粵人王順塔于明永樂年間立國于爪哇之北部，有周三百餘里之地。該地物產豐盛，中華及諸蕃之商船，咸輻輳于此。永樂九年，乃遣使貢方物。

（八）張璉　廣東饒平人張璉，于明萬歷年間稱王于三佛齊。璉本大盜，為官兵所圍勦，乃逃往三佛齊，據其地稱蕃舶長。惟明史所載，璉已伏誅，但明史外國傳所載，萬歷五年商人詣舊港者，見璉列肆為蕃舶長，漳泉人多附之，猶中國市舶官云。或曰：舊港之王，為璉之部屬，借璉之名以號召予衆耳。

（九）梁道明　廣東南海人梁道明，于明洪武年間僑居三佛齊。時值爪哇之麻哈八歇王國兵力強盛，侵入三佛齊，舊王朝不敵，國遂亡。道明乃號召閩粵僑民千餘人而部勒之，保國之北部，擊退爪哇兵。不十年，閩粵軍民泛海從之者數萬人。于是道明勢力乃大張，奄有南蘇門答臘南部之地。會明指揮使孫紘使海外，遇道明子與之俱來。永樂三年，成祖以行人譚勝受與道明同邑，命偕千戶楊信等齎勅招之。道明與其黨鄭伯可入朝貢方物，受賜而還。

第二項　由中荷國籍法之研究　關于一九三〇年東印度政府報告華僑人數不確實之發見

（一）　中荷國籍法異同之點

我國政府對海外華僑國籍之有規定，始于一八六八年之中美條約。該約云：「本約不賦與在中國之美國人民或在美國之清國臣民以歸化權。」是當時清政府已明確承認在美之華僑依然爲中國人。迨夫一八八六年，清廷派員視察東印度華僑時，荷人以荷屬華僑應爲荷國人民而拒絕調查。于是清廷始發見南洋華僑國籍問題已發生糾紛，不得不謀解決。時東印度政府對于華僑已列于印度尼西亞人待遇之列，而不以荷人同等待遇之，故出生東印度之華僑甚感不平。一九〇七年東印度政府爲分化華僑與平息衆怒起見，乃頒佈歸化法，使一部分不平之華僑得入荷蘭國籍，享受與荷人同等之待遇，並使居留當地之華僑與祖國斷絕關係。此法規定：

凡入荷籍之華僑，須能通荷語及有一定額之財產，並有服從兵役之義務，及遺產須均分子女等。一九〇八年東印度政府爲貫澈其歸化法起見，乃在各地普設荷華學校，使出生該地之華僑子弟得有受荷語之機會，以便將來易于歸化，非如前時之入荷校者，必爲當地政府官吏如瑪腰甲必丹雷珍蘭或政府其他公務員之子弟。另一原因，則爲對抗各地之中華學校，必使華僑子弟東印度化。但一九〇七年之歸化法，規定遺產之分配，實與我國人之觀念不同，而其爲荷人服兵役一層，尤爲華僑所不樂意者，以我國古來風尙，人民不樂于當兵也。故多數出生東印度之華僑，均不願加入荷籍。一九〇八年東印度政府以歸化法不生效力，乃勒令出生該地之華僑改入荷籍，冀其與祖國斷絕關係。但華僑雖已入荷籍而不允入伍，因生長該地之華僑，其人數較荷人多至十倍，以之當兵，荷人又認爲一種極危險之事，若當緊急時，軍隊不服從命令，則關係非淺也。

一九〇七年日本戰勝强俄後，遂儕于强國之列。閲年日荷修約成功，規定雙方領事之權限。于是引起華僑之注意，要求祖國政府與荷人修約設領。時東印度政府，亦覺悟華僑爲荷人與印度尼西亞人間之不可少者，故對于華僑問題，不能置而不理。因之在修約設領以前，必先解決華僑之國籍問題，否則決不能放任中國領館無限制管轄一切出生東印度之華僑。荷人此種卑陋手段，欲將百餘萬之吾國僑生據爲己有，無異表現其盜跖行爲。

荷人之國籍法，既採出生主義，認爲凡在東印度出生之華僑，不問其現在居住地點在中國或在東印度，皆爲荷蘭國民。此與我國採血統主義絕端相反，其不利于我國自屬無疑。惟東印度政府是時尚未頒布正式之國籍法，我國政府爲急謀應付計，乃于一九〇九年先東印度而頒布中國國籍法，規定凡父母爲中國人者，皆隸中國籍（一九二九年我國頒布之國籍法，採折衷主義。）荷人聞之，乃阻礙我國在東印度設立領館，而以我國承認出生東印度之華僑爲荷蘭人民，爲應允設領之條件。徒以斯時東印度之華僑，備受荷政府之不公待遇，我國朝野雖竭力反對東印度之國籍法，終以爲設領爲刻不容緩之事。一九一一年遂在北京簽訂中荷領約十六款，承認華僑在東印度者，照荷蘭國籍法解決；回中國者，可歸中國籍；若往別國者，其出荷籍與否，聽便。但根據荷蘭法律，華僑一入荷籍，卽視爲荷人。華僑以數代僑居東印度，與其事業關係，自以居住東印度爲便利而不回國，故中荷領約之訂立，無異斷送此百餘萬出生東印度之華僑。由此推論，則東印度政府一九三〇年報告華僑一百二十萬之人數，當未包括出生于該地之華僑。如已包括，則東印度政府若仍認出生該地之華僑爲中國人，又何必有兩國國籍法多年之爭執？又何必有一九〇七年之歸化法？吾人推論東印度政府該年人口之調查，出生該地之華僑，如能通荷語而已正式入荷籍者，則爲荷蘭國民，列于出生東印度之荷僑之列；其不能通荷語者，則列于印度尼西亞人之列，爲荷蘭居民。

關于荷蘭國民與荷蘭居民之分別，吾人須加以研究。當一八五四年東印度政府法規曾明白規定：凡居住東印度之人民，稱爲荷蘭居民，而有資格任政府公務員者，稱爲荷蘭國民。所謂荷蘭國民者，卽凡生長于荷蘭國之人民及其子孫是也。此卽所謂出生地主義是也。所謂荷蘭居民者，則不限生長于荷蘭國內。以此解釋，則凡出生于荷蘭本國及其屬地之人民，皆有荷蘭國民之資格。于是出生東印度之華僑及當地之印度尼西亞人皆具有荷蘭國民之資格。但在事實方面，出生東印度之華僑，雖具有荷蘭國民之資格，卻不能享受荷蘭國民同樣之權利。至一八九二年又將出生東印度之亞洲人稱爲外國人，在法律上，視之爲寄居東印度者。一九一〇年之東印度法律，又將荷蘭國民及外國人分別取消，而改爲國民與人民之別。卽凡入荷蘭國籍者稱爲國民，與荷人享受同等待遇；凡未入荷蘭國籍，而出生于其屬地者稱爲人民，與當地人民同等待遇。至于不屬以上兩種之外僑，則以外僑條例待遇之。

（二）出生于東印度之華僑與祖國南往之華僑之比率

東印度之華僑分兩種：一爲出生于當地之華僑，俗稱娃娃，或峇峇，或僑生，一爲自祖國南來之華僑，俗稱新客。在兩種人數之對比中，以爪哇而論，僑生佔百分之七十九，新客佔百分之二十一；以外島而論，僑生佔百分之四十八，新客佔百分之五十二。在東印度總平均中，僑生佔百分之六十，新客佔百分之四十。故僑生較新客佔大多數。僑生所以多之原因，一爲在東印度有悠久之歷史，二爲近數十年來，東印度政府限制國人之南往，致新客年漸減少。在僑生中以漳泉籍僑胞爲最多，十人中有八人爲僑生。其所以如此者，漳泉籍僑胞，與其他廣肇籍或嘉應籍僑胞不同。漳泉籍之僑胞，至南洋謀生後，常數年或十數年或一生不返。其經營商業也，所獲之利，除以少數寄歸家鄉外，卽以其餘推廣營業，故其商業愈久而愈大。而廣肇籍或嘉應籍之僑胞則不然，常數年一返，或巨富後必返。而每年獲得之利，必以若干成寄歸家鄉，以購買田園房屋。中尤以嘉應籍之僑胞爲甚。此種情形，有利亦有不利。漳泉籍之僑胞，不常返國，不多匯款養家，故能竭其全力經營商業農園，日漸發達，成爲巨商大賈。此爲其有利之點。相反方面，不常歸國，則祖國觀念將趨薄弱，而易于使其子弟同化于印度尼西亞人。其財富雖多，無異爲東印度謀福利，與祖國無補。廣肇籍或嘉應籍之僑胞常歸國，則祖國觀念必甚濃厚；又常匯款回國，于祖國金融上裨益甚大；是其優點。然其以每年所獲之利之一部分匯回祖國，則其在海外經營之資本必致薄弱，而無由發達，無由與歐人大資本競爭，故粵籍僑胞之資產，遠不如閩僑之多，是其弱點。閩僑之南來東印度也，較粵僑爲早。元世祖遣史弼南征爪哇時，子弟兵多屬閩南籍。後落居爪哇者頗多，繁殖亦盛。今日馬來語中常含有閩語者，是閩籍僑胞來此已久之表現也。卽今日吧城、泗水、岩望大家族如蔡、韓、簡數姓，僑居已達數代，蔡姓且已傳至第六代，其始祖于一七五三年由福建漳州蔡坡遷居爪哇，至一九四三年已達一百九十年之久，亦可證明。在今日東印度由祖國南來之華僑，其百分比中，若以籍貫而論，以閩籍爲最，佔百分之四十六，客籍佔百分之十七，廣肇籍佔百分之十，潮州籍佔百分之八，其他佔百分之十八。若以地方而論，爪哇多閩僑粵僑，而巴達維亞一區則多客籍僑胞；蘇島北部多客籍僑胞，蘇南則多閩僑；西婆羅洲多潮僑客僑，東南婆羅洲則多閩僑粵僑；他如西里伯斯、摩洛加羣島、小巽他羣島多閩僑粵僑，而邦加、勿里洞則多客僑。若以分區而論，爪哇華僑佔華僑總數百分之四十八，外島佔百分之五十二。若以性別而論，男子佔百分之六十，女子佔百分之四十。惟女子中多印度尼西亞人，以華僑多隻身南來，常娶印度尼西亞女子爲妻故也。至于僑生之人數，吾國領事館雖未能加以調查，但可推測其大略。依一九三〇年東印度政府報告祖國南來之僑胞一百二十萬人之比率而論，僑生與新客既成六與四之比，則僑生當有一百八十萬人之多。總共東印度之華僑必爲三百萬人。若以地方而論，爪哇既有五十八萬之新客，依爪哇僑生與新客七十九與二十一之比率推算，則爪哇當有二百十四萬之僑生，外島有六十萬之新客。依外島僑生與新客四十八與五十二之比率推算，則外島當有五十五萬僑生。是僑生在東印度總共爲二百六十九萬人，合東印度之華僑總計共爲三百八十九萬人。此兩說之確切與否，正待太平洋戰事結束後吾國外交部之審切調查。

外島新客多于僑生之原因，以爪哇地已開闢，且經荷人經營三百年之久，已無新利益可圖，而外島現正待開闢，需用人力財力甚多，故國人之南來者，近數十年來多往外島經營農礦工商各業。益以東印度政府自一九一八年頒布移民律，外僑入境須有入境稅以來，其目的即在限制吾國人之南往。自一九〇〇年以迄一九三〇年之四十年間，國人之南來東印度者，每年平均爲二萬八千人。一九三二年東印度政府更變本加厲，且限制移民人數，規定每年准許外國移民總共爲一萬二千人入境，由十五種民族平均分配，每一民族得移入八百人。于是我國人亦僅許八百名新客入境。此種限制，使我國移民僅爲前時三十五分之一。此種不友善之舉動，實爲戰後我外交部急應提出交涉者。其後又因各民族均未能滿足此八百名之額數，東印度政府不得不變通辦法，以平息吾僑之憤。其辦法爲各民族得按照其過去十年間移民平均數增加之。雖然如此，吾國仍蒙受重大之損失，如一九三八年入境僅五千零二人，一九三九年爲五千一百八十三人，一九四〇年爲七千七百一十八人，一九四一年爲七千三百三十七人，四年中總共爲二萬五千二百四十人，相等于一九三〇年以前一年之平均數。但相反方面，在此數年中回國之人數亦復不少，一九三八年爲一千六百五十人，一九三九年增至三千一百三十人，一九四〇年更增至一萬七千八百十五人，一九四一年爲八千一百四十八人，四年中總共爲三萬零七百四十三人。兩相比較，歸國僑民反多五千五百零三人。

（三）　華僑南來衆多之原因

華僑之南來東印度也，其原因雖多，要之可規納爲五種：（一）我國與東印度地相鄰近——我國與東印度僅隔一南海，相距不過二千哩，而爲鄰邦。在昔輪船未被發明時，海上交通固屬困難，然南海一帶，有印度洋吹來之季候風，便于中南航行者甚大，益以國人富于冒險心，視東印度爲第二故鄉，遂造成今日華僑在東印度經濟上佔重要地位。（二）國內經濟壓迫——吾國自辛亥鼎革以後，內亂頻仍，尤以閩粵爲甚，加以年年水旱爲災，遂使人民流離失所，以致田園荒蕪，生活爲艱。于是不得不出于最後一途，亡命海外，以求生存于萬一。此所以東印度華僑之日增也。（三）欣慕東印度富足——東印度地居熱帶，出產甚豐。在昔海運未興時，其所產之胡椒、豆蔻，價格之高，幾可等于黃金，以温帶無是物也。故國人之南往者，常携帶是物歸而致富。于是引起一般人之欣慕，爭往焉。日久諳其方言，娶其女子，置根據地于商業中心之區。今日西人以大資本開發其地，于是蔗糖、咖啡、茶、橡皮之種植，遂使華僑日臻富庶，而往者益多。（四）國人篤于家族鄉親之觀念——我國爲家族主義國家，數千年來陶醉甚深，因而促成華僑在海外之新發展。第觀華僑工商各界，其所用之人，非其同族，則其至戚，或爲其同鄉。日久而以族援族，以戚引戚，以鄉援鄉，遂造成今日華僑之龐大勢力。（五）東印度勞工缺乏——熱帶居民大都性惰，不治生產，縱有餘資，必用罄而始工作。所謂家無隔日糧者，不啻爲此地人道也。因是而缺乏勞工。吾國人素以勤勞耐苦見稱于世，于是各地農園、礦山、建築業，如需工人，爭招募之，致國人南來者日衆。今日時移事變，東印度各地已漸開發，向之爲人所重視之華工，今已在遭人擯棄之列，而受嚴厲之限制。所謂鳥盡弓藏，兎死狗烹，言之大可感傷也。

第二節　東印度華僑經濟之發展

第一項　華僑對東印度農林礦工各業之貢獻

（一）華僑在農林礦工各業財力上之貢獻

在十四五世紀東印度羣島猶爲各地蘇丹分割時代，蘊藏不開，地利旁落，此一片廣大土地，皆屬荒涼之區。及華僑南渡後，披荆斬棘，而地利以收。降至十六世紀，歐人東航後，以外交方法獲得其政權，以海軍兵力佔領其土地，遂謀所以開發之道，于是對于農業獎勵有加。而農業之經營，則非我善稼穡之華僑不爲功。此今日我華僑在東印度各種農業中，每多參與也。以言蔗糖業，遠在十七八世紀之時，爪哇之蔗糖業皆握于華僑之手，華僑糖商已達八十四人，在一百三十所糖廠中，華僑即佔一百二十五所，歐人僅佔四所，爪哇人佔一所。故華僑在糖業上貢獻于東印度者甚大。使斯時而無華僑經營之糖業，則爪哇當有糖荒之虞。迨至二十世紀初葉，爪哇糖業雖爲歐人所壟斷，然華僑仍有相當之勢力。一九二三年華僑十三糖廠中，其產量爲一百零七萬公擔，佔總產量百分之四。此十三家糖廠，分屬六人，即黃仲涵佔其五，李清漢佔其三，韓兆慶佔其二，黃金源、許允輝、陳全美各佔其一。此六人皆出生爪哇之華僑，祖國南往者未之有也。尤可注意者，糖業雖爲歐人所壟斷，黃仲涵却有爪哇糖王之稱，而歐人無是譽也。于此可知黃氏經營糖業之鉅。一九三五年爪哇糖廠倒閉甚多，華僑方面亦受影響。一九三七年華僑糖廠僅餘黃仲涵之四家及李全才之一家而已。再言其他各農業，吾僑經營之者亦多，東印度之橡皮業多在外島中，以婆羅洲及蘇門答臘兩島爲最。在西婆羅洲一帶之新興橡皮園及椰園，多爲吾潮僑及客僑所經營者。橡皮園多在喃吧哇、山口洋及三發一帶，椰園則多在喃吧哇、山口洋及邦戛一帶。在東南婆羅洲之橡皮園，多爲吾閩粵僑胞所經營者。其地點多在馬辰、三比一帶。在邦加、勿里洞之橡皮園及胡椒園，多爲吾海陸豐惠陽及河源籍僑生所經營。在蘇島南部之胡椒園，多爲吾閩僑所經營。邦加島之白胡椒，約佔世界輸出量百分之八十。此種農業，幾全爲吾僑所經營。一九一〇年邦加島上吾僑所經營之胡椒園，共有五百八十七所，佔地一萬二千公頃，僱用華工三千人。一九三三年增至一千二百三十四所，佔地二萬公頃。一九三九年仍保持此種狀態。一九四一年因大戰之關係，遂陷于停滯。在蘇東及蘇南之橡皮園，多爲吾閩粵僑胞所經營者。

以言林業，婆羅洲及西里伯斯之木材，大部由華僑所經營。典瑪爲油漆之重要原料，一八九五年至一九一五年之二十年間，銷路極旺。一九一九年至一九二九年之十年間，其價格飛漲，利市十倍，于是華僑不顧毒蛇猛獸之襲擊，入深山窮谷中，將木材林產品運往市場。因之此二島之森林產品，幾全操於華僑手中。寥內羣島森林之盛，不下于婆羅洲或西里伯斯。遠在一八八〇年，華僑即在該地設有木行數百家，或專業鋸木，或專業燒炭。此種產物，多運銷于新嘉坡。一九二四年木業甚盛。今以砍伐過多，已趨退減。東印度華僑木業之投資，佔總數百分之二十三。其餘百分之七十七，則爲西人之投資。總之，華僑之林業，在婆羅洲及西里伯斯，仍極有希望。五十年內當不患無林木可採。因之華僑在東印度之農業投資，已達二萬萬盾，佔東印度外人農業投資總額百分之十一，居于第三位。第一位爲荷蘭，第二位爲英國。此種鉅額之投資，歐人亦殊難否認華僑在農業上財力貢獻之大也。

共總額若合戰前之吾國法幣匯率，當在八萬萬元。又如農業之副業，華僑貢獻于東印度者亦甚大。如養猪業、蔬菜業，華僑亦樂爲之，中以蔬菜業爲盛。印度尼西亞人生活簡單，其飯食甚少蔬菜，或煮芭蕉葉飯團而已足，或火烤玉蜀黍而事畢。較裕之家，則烤牛羊雞肉，調以辣味外，多不用蔬菜。因之華僑與歐人所用之蔬菜，多爲華僑所供給。如井里汶附近之洋葱業，多爲華僑所經營；各市鎮之蔬菜，亦華僑于每日淸晨由附近菜圃中運至者。

以言礦業，在昔東印度之錫礦，多爲華僑所經營，已于第五章第三節第一項詳言之。蓋數百年來，東印度之錫礦，上自經理，下至礦工，無不爲華僑一手所經營。其每年所出產四萬噸之錫，無異爲華僑血汗之結晶。他如蘇島之芸林、丹絨及東南婆羅洲之三馬林達之煤礦，華僑皆有經營之歷史。西婆羅洲之金礦，華僑南國王羅芳伯與吳元盛固曾經營達百年之久。先是一七五〇年，卽淸乾隆十五年，華僑爲三發蘇丹在西婆羅洲開掘金礦，來者甚衆。此後八十年中，極盛一時。當時金礦不祇一處，分布于坤甸、喃吧哇、三發、東萬律、昔加羅等地方。開掘金礦，利益甚厚。一七五四年後，三發蘇丹從華僑手中每年獲得三萬二千盾之利益。此項收入相當可觀，故三發蘇丹不但允許華僑入境，甚至請求華僑前往開掘。惟條件頗苛，如禁止華僑種稻，又不得自行輸入日用品，不許携帶武器以自衛，所需米塊鐵鴉片等，皆須向蘇丹購買，故蘇丹獲利甚厚。其後待遇愈苛，時起糾紛，華僑均容忍不與計較。故在十八世紀採掘金礦之華工達一萬人，至十九世紀增至五萬人。淘金之進款，據斯時英副總督萊佛士之估計，認爲有三百七十萬叻元。此項收入之用途，爲購買鴉片、毛棉織物一百萬叻元，購買油塊、烟草一百萬叻元，隨身攜回祖國一百萬叻元。其餘七十萬叻元則爲寄回祖國者。西婆羅洲之淘金業至十九世紀中葉後，即一蹶不振。其原因一爲金礦逐漸採罄，二爲華僑各採金公司之自相摧殘，三爲東印度政府之壓迫，以致困難重重，華僑遂迫而別求生路，由採礦轉而爲墾殖，成爲開闢西婆羅洲農業之先鋒。邦戛、山口洋、坤甸、大院、喃吧哇、松柏港、昔加羅、三發、上候一帶，以往皆爲荊棘叢生野獸出沒之地，經我華僑之堅苦奮鬪，方成今日之產米區域，種椰與橡皮區域，華僑之功大矣哉。

以言漁業，蘇島之峇眼亞比，爲世界著名之漁場，吾人于第四章第六節第四項曾一道及。當十九世紀中葉，華僑已在此處建立穩固之根基，執當地漁業之牛耳。二十世紀初年，平均每年捕獲之魚蝦達三萬四千噸，值五百五十萬盾。一九二九年增至五萬二千噸，值七百餘萬盾。一九三三年降至四萬噸，值三百餘萬盾。一九四〇年爲五萬噸，值六百萬盾。當地捕魚者，以漳泉籍僑胞居首位，潮州籍僑胞次之。市內人口一萬二千餘人，華僑佔一萬人，馬來人僅佔二千人。張目四顧，盡屬黃炎華冑，有福建鄉村風味。地方警察亦須學習福建方言，是爲當地之特點。峇眼亞比所產之蝦米，多運銷于新嘉坡及我國魚干則十之九運銷爪哇。近年因受日本及暹羅鹹魚之競爭，甚爲不景氣。當地僑胞謀團結應付，計組織一競南公司，集中力量，以求自衛。因此有一部分漁人已改營橡皮及其他農業。

以言工業，東印度之大規模工業，雖操諸歐人手中，但華僑在各種工業中，亦自有其優越勢力。在以言精米廠，百分之五十五至六十，爲華僑所經營。以機器輾米。方米穀登場時，爪哇人卽以稻送至廠中，或取其值，或代其輾米。西爪哇之格拉横、芝干北一帶之產米區域，有米廠七十家，華僑卽達六十七家。資本小者爲一萬盾，大者則爲二十萬盾。如格拉横之和隆米廠，邱廣興米廠，以及吳文建、林成兆、蘇甲由等米廠，如芝甘北之坤利、邱益隆、邱廣昌、廣興、居南興、廣成昌、林坤喜等米廠。如展玉之陳玉喜米廠，如西冷之興隆米廠，冷加士之羅務泰米廠，板底格郎之順華米廠，茂勿之潘順泰、李德先、周務金、劉新華、譚良錦等米廠，士甲巫眉之李德昌、梁金祿、黃金守、陳金貴等米廠，南安由之合成公司、黃興成、潘良如等米廠，井里汶之韓英良、蔡吉雙、南美、鄭忠良、施凡貴等米廠，萬隆之守吉米廠等，其較著者也。在東爪哇華僑，有外南夢之銀道、銀和、雙源、源源、和源、雙瑞、雙泰、林輝、義林、國波、陳廣輝等米廠，任抹之陳吉來、雙和、周新圖、鴻安公司、陳吉慶、和源、施漢求、周公司、周英福、周新安等米廠，文都窩梭之周新安、謝隆建等米廠，巄越之林國波、韓王公司等米廠，南海漳之豐泰、翁瑞璧、梁林等米廠，岩望之陳朝喜、林瑞華等米廠，惹班之興隆米廠，諫議里之黃東美、陳慶務等米廠，絨網之聯豐、黃鳴文、周英雙等米廠，勿里達之林添福、會守美等米廠，文里粉之陳若記、胡世遠等米廠。在中爪哇華僑有直葛之福源、許金美、李英茂、林源貴、林涵輝、賴英輝、郭成協、黃添興、三興公司等米廠，北加浪岸之郭守聯米廠，八加連之劉福守米廠等。大約在西爪哇之華僑米廠，多爲吾漳泉籍及客籍僑胞所經營者；在東爪哇及中爪哇之華僑米廠，多爲吾漳泉籍僑胞所經營者。其中僑生之勢力甚大。卽由祖國南來之僑胞，至少亦居留十年以上，鮮有數年而可經營者。著者居留爪哇甚久，且曾遍遊各地，見爪哇之米廠，十之八九皆華僑所經營，印度尼西亞人及歐人經營之者甚少。斯時以未作詳細之統計，故無準確之數字。上述之各廠，僅荷人之報道而已。據一九二五年之調查，爪哇華僑米廠共有一百八十所，至一九三七年仍有一百六十所之多。外島產米區域多在巴利龍目、西里伯斯南部，故華僑米廠亦在斯地。如峇塘之蔣報年米油廠，安班瀾之榮豐米廠，裕記油米廠，合泰英高米廠，錫江之永成米廠、鼎豐米廠。皆為吾漳泉籍僑胞所經營者。以言咖啡廠，東印度一百餘咖啡廠中，華僑佔百分之二十，多在諫議里、三寶壠、泗水、峇釐陵、吧城、把東、棉蘭一帶。如吧城之順合公司、元合公司，龐越之新美號，峇釐陵之和成公司，峇塘之珠江號等是。以言椰油業，在東印度八十左右椰油廠中，華僑佔百分之二十五，如芝拉札之許漢利油廠、坤德油廠，老花之周明德油廠、黃鑾昌油廠，斗橫之源興油廠，三寶壠之泉興油廠，諫議里之陳中興油米廠，吧城之梁生油廠、和源油廠是。以言茨粉廠，在一百餘茨粉廠中，華僑佔百分之四十以上，如萬隆之海合龍記茨粉廠、吳競成茨粉廠、協成茨粉廠、吳春波茨粉、南興茨粉廠，芝沓冷加之張濟昌茨粉廠等是，他如梭羅及北加浪岸亦有之。以言香烟業，在三十餘廠中，華僑僅佔百分之五，皆在爪哇，如泗水之林生地香烟廠是。以言冰廠，在一百八十廠中，華僑佔百分之二十，散居東印度大小各市鎮，如萬隆之瑞成興冰廠，井里汶之益成興冰廠，任抹之陳守意冰廠，岩望之恒利冰廠，八加連之梁雙利冰廠，三寶壠之益和興冰廠，士甲巫眉之黃中興冰廠等是。以言鋸木廠，在一百餘廠中，華僑佔百分之三十，多散居于吧城、泗水、錫江、巨港、棉蘭、坤甸、三馬林達各大埠。以言肥皂廠，東印度各地之肥皂業多為華僑所經營。一九三九年更爲發達，在總數五百餘廠中，華僑約佔百分之八十，如吧城順合公司肥皂廠，岩望裕成肥皂廠，三寶壟松茂肥皂廠，瑪瓏先聲肥皂廠，精明肥皂廠，棉蘭生活兄弟公司肥皂廠等是。以言汽水廠，因東印度氣候炎熱，汽水與冰塊，同等重要，故汽水業甚盛。此等汽水廠亦多爲華僑所經營。在總數二百餘廠中，華僑佔百分之六十，如岩望之勒士汽水廠，瑪瓏之亞美利加汽水廠，亞保利安汽水廠是。以言紗籠工業，在東印度頗爲重要。初時爲爪哇人自營，其後漸落于華僑之手。今日西爪哇三大紗籠中心區，卽紅牌、加烈、峇油蘭，皆完全爲吾閩僑資本所經營。一九三一年爪哇共有紗籠廠四千三百八十四家，華僑佔七百二十四家。此爲十餘年前之情形。今日吾僑在此項工業中之勢力，當更爲强大。在加烈之紗籠廠，華僑約有四十廠以上。在紅牌之紗籠廠，華僑約有六十廠以上。在峇油蘭之紗籠廠，華僑約有五十廠。此等工廠皆爲吾閩僑所經營。以言印度尼西亞人所用之土烟葉業，亦操諸華僑之手。此種烟葉，其製法或用玉蜀黍之皮，或用棕櫚之嫩葉以裹烟。遠在一八八〇年，中爪哇之龜突地方，卽已發達。當時爲爪哇人所經營，今則華僑取而代之。華僑所經營之土烟葉業，多在中爪哇之北加浪岸、文池蘭、峇突、文羅梭、博馬吉冷、新埠頭及東爪哇之文都窩梭一帶。一九三三年爪哇之土烟葉業，共有八百餘廠，華僑佔三百廠，多爲土生華僑所經營，以土生華僑亦嗜之也。他如三寶壟之大川蚊烟廠，及井里汶三寶壟之爆竹廠，諫議里之石灰廠，各地之麵包廠、磚瓦廠、皮革廠、香水廠、亦皆華僑所經營者。又如印刷廠，在東印度二百餘廠中，華僑佔百分之二十，多散居于各埠。以言機械修理廠，在一百餘廠中，華僑佔百分之十，多在各大埠。

從上述之觀察，東印度之華僑工業，若能加以擴充，當有莫大之價值。

（二） 華僑在農礦工各業人力上之貢獻

東印度之農業工人，在新興企業農園中多爲華僑契約工人，或契約期滿後之自由工人，或普通之自由工人，而以蘇門答臘東海岸之日里烟園工人、油棕櫚園工人、橡皮園工人爲最多。往昔其人數常在四五萬以上。即一九三五年亦仍擁有一萬餘人之多。此種農業工人多爲賣猪仔南來之結果，其詳情前于第三章第四節第二項曾言之。蓋蘇島人口稀少，欲發達其農業，必先有勞工。華僑既以勤勞耐苦之精神爲世人所稱道，遂爲入幕之賓。不徒華僑本身所經營之農園，皆僱用華工，卽歐人所經營之農園，亦莫不爭先用之，以其工作能力强，工作效率高，一人之工作能力可倍于印度尼西亞人之工作能力，而于園主之利益甚大也。以言礦業工人，邦加、勿里洞、新及之錫礦工人，蘇島及婆羅洲之石油礦工人、煤礦工人，多爲吾漳泉籍、廣肇籍、潮州籍僑胞。以言其他各業工人，土木工程工人、機器修理工人、飲食工人，皆爲吾廣肇籍僑胞。縫衣工人、皮鞋工人、洗衣工人、金銀首飾工人、理髮工人，皆爲吾嘉應籍僑胞。印刷工人，皆爲吾閩僑。紙烟工人、司機工人，皆爲吾僑生。僑生之職業，從商業上言，多經營土產、布疋、紗籠裙、爪哇土烟、代理汽油及專供西人用之罐頭酒酪業；從工作言，多充東印度政府或石油業或錫礦業或西人公司之職員，或外國領事館之譯述員，及東印度政府各種工程之包工，以其多入荷蘭學校或英語學校或馬來語學校故也。此類僑生于祖國事業多裹足不前，于荷蘭事業則爭先恐後，甚至常有左袒荷人，認荷蘭爲祖家者，此蓋荷人教育麻醉之效也。且祖國政府在昔並未盡保護與領導之責任，而任其自生自滅，則僑生之久而久之。不復知有祖國而認人國爲祖國，又烏得厚非哉！然今後祖國對于華僑問題實不能不特加注意也。依一九三〇年之調查，華僑新客有職業者爲四十七萬人。內中百分之三十一屬于農林漁礦各業，約十五萬人；工業人員佔百分之二十，爲九萬四千人；商業人員佔百分之二十七，爲十二萬七千人；其他人員佔百分之二十二，佔十萬人。故華僑在東印度農礦工各業人力上貢獻甚大。

第二項　東印度華僑商業之發展

（一）　七十三年來我國與東印度貿易之關係

我國與東印度貿易，最近七十三年來，自其總額上觀察，在前三十四年，漲落甚微，僅在數十萬關兩之間，所漲亦不過一倍，而超過百萬關兩者，祇一八九七年及一八九八兩年。在後三十九年，即大不同。一九〇二年突增至一百八十萬關兩，較一八六八年已增四倍，至一九一八年更超過千萬關兩，一九二一年又超過二千萬關兩，一九二五年更增至四千七百萬關兩，一九二九年又增至六千八百萬關兩，較一八六八年已漲一百五十六倍。此後則年有漲落，但仍在六千萬關兩左右。一九三三年又降爲五千五百萬關兩。一九三四年更降至四千五百萬關兩，然仍保持一八六八年之一百零三倍。一九三五年吾國海關改兩爲元，即一・五五八元等于前時之一關兩。該年之貿易總値爲六千三百餘萬元，約合四千萬關兩，降爲一八六八年之九十倍。此後四年中常在三千三百萬關兩至五千六百萬關兩之間。一九四〇年則增至約合一萬萬關兩，爲一八六八年之二百二十七倍。一九四一年之元月至九月，更增至約合一萬萬四千八百萬關兩，爲一八六八年之三百三十六倍。及十二月八日太平洋大戰爆發後，我國與東印度貿易遂完全趨于停頓。

東印度對我國貿易自一八六八年至一八九六年二十九年間，其貿易甚微落。一八六六年爲二十三萬關兩。此後至一八八〇年間年僅十餘萬關兩。一八八一年後，又退至數萬關兩。一八九五年該年更低至二十五關兩。一八九七年乃開始增加至六十八萬關兩，較一八六八年已增二倍。此後年年猛進。一九〇二年至一九一九年間，由超過百萬關兩而至八百萬關兩。一九二〇年更超過千萬關兩。一九二五年又超過三千萬關兩。一九二八年幾達五千萬關兩。一九三二年更達五千八百萬關兩，較一八六八年已增二百四十九倍。一九三四年降爲四千萬關兩，較一八六八年仍爲一百七十二倍。一九三七年約超過五千萬關兩。一九三八年及一九三九年則降爲三千萬關兩與三千七百萬關兩。一九四〇年及一九四一年則增至七千萬關兩，較一八六八年已漲至三百倍。

我國對東印度貿易自一八六八年至一九〇八年四十一年間，常在數十萬關兩間，異常平穩。一九〇九年始超過百萬關兩。此後年有進步，至一九二五年又超過千萬關兩。一九三一年更達一千二百萬關兩，較一八六八年已增六十四倍。惟近年以來，我國對東印度貿易異常不振。一九三四年已降至四百餘萬關兩。一九三五年更趨下降，爲三百餘萬關兩。一九三九年又回復一九三一年之狀況，爲一千一百萬關兩。一九四〇年又上升至三千一百萬關兩，較一八六八年已增一百五十五倍。一九四一年之九個月中，更增至七千六百萬關兩，較一八六八年更增加三百八十倍。

我國對東印度貿易，若以平衡上而論，自一八七〇年至一八九六年爲出超時期，二十七年間出超總共爲七百七十餘萬關兩。自一八九七年至一九四〇年則一變而爲入超時期，計四十三年間，入超總共爲七萬萬關兩。一九四一年則爲出超，計四百四十萬關兩。然向之出超者其數字甚微；今之入超者其數字甚大。總計七十三年來，我國與東印度之貿易入超淨數爲六萬萬八千萬關兩。此我國工商各界亟應注意以挽救者。茲將七十三年來我國與東印度貿易統計列如下表：

（單位千關兩）

年別	輸入	輸出	總共	入超	出超
一八六八	二三五	二〇二	四三八	三三	
一八六九	一二		一二	一二	

一八七〇	二六	二一〇	二三六	一八四
一八七一	一三七	二一五	三五二	七七
一八七二	二一五	三四三	五五九	一二八
一八七三	一八九	三九四	五八四	二〇四
一八七四	八五	三九一	四七七	三〇六
一八七五	二三〇	五〇〇	七三〇	二七〇
一八七六	一五八	二七八	四六四	九二
一八七七	一一一	四六七	五七九	三五五
一八七八	一五七	五一一	六六九	三五三
一八七九	一二〇	二九三	四一三	一七三
一八八〇	一五八	二六八	四二七	一〇九
一八八一	八六	二五七	三四四	一七〇
一八八二	三八	二六六	三〇四	二二七
一八八三	五〇	三二四	三七四	二七四

一八八四	五四	三一五	三七〇	二六一
一八八五	七一	四一三	三八五	三四一
一八八六	四四	四二〇	四六四	三七五
一八八七	五六	四四八	五〇五	三九二
一八八八	九九	三八一	四八〇	二八二
一八八九	六四	三四二	四〇六	二七八
一八九〇	—	二二九	二三〇	二二九
一八九一	三六	三七〇	四〇六	三三三
一八九二	二一	四三三	四五四	四一一
一八九三	四	五四一	五四六	五三七
一八九四	六	五六三	五六九	五五六
一八九五	—	五三二	五三二	五三二
一八九六	五	三七〇	三七六	三六五
一八九七	六七九	四一九	一、〇九九	二五九

一八九八	一、四四五	三四七	一、七九二	一、〇九七
一八九九	六二九	三五五	九八四	二七三
一九〇〇	五九九	三三三	九三三	二六六
一九〇一	四九〇	四〇八	八九九	八一
一九〇二	一、三〇九	五〇三	一、八一三	八〇六
一九〇三	三、七一一	四五五	四、一六七	三、二五六
一九〇四	五、一六七	三八九	五、五五七	四、七七八
一九〇五	四、四九〇	五四六	五、〇三六	三、九四三
一九〇六	五、四八七	四三一	五、九一九	五、〇五六
一九〇七	六、一三六	五一〇	六、六四六	五、六二六
一九〇八	六、三八五	六六五	七、〇五〇	五、七一九
一九〇九	六、八三六	一、二〇四	八、〇四三	五、六三三
一九一〇	五、七五六	一、四三二	七、一八八	四、三二三
一九一一	六、七二四	一、四五〇	八、一七五	五、二七三

一九一二	六、〇四八	一、六一二	七、六六〇	四、四三五
一九一三	六、八三六	二、六〇五	九、四四一	四、二三一
一九一四	六、五九四	二、九二二	九、五一六	三、六七一
一九一五	六、七二六	二、七三五	九、四六二	三、九九〇
一九一六	五、三二〇	二、三三四	七、六五五	二、九八五
一九一七	四、五一五	一、七一三	六、二二九	二、八〇一
一九一八	八、五六四	二、五九二	一一、一五六	五、九七二
一九一九	六、八六四	三、〇七二	九、九三六	三、七九一
一九二〇	一〇、五六五	四、〇二六	一四、五九一	六、五三八
一九二一	一二、八八七	七、九四八	二〇、八三五	四、九三八
一九二二	一三、八四三	九、一二九	二二、九七二	四、七一四
一九二三	一三、六〇〇	八、〇八五	二一、六八五	五、五一四
一九二四	二〇、七三二	九、三一六	三〇、〇四九	一一、四一六
一九二五	三七、三七六	一〇、一一七	四七、四九四	二七、二五九

一九二六	三一、八三二	九、三八九	四一、二二二	三二、四四三
一九二七	二七、〇二一	一〇、八五六	三七、八七七	一六、一六五
一九二八	四九、一六二	一一、八六四	六一、〇二七	三七、二九七
一九二九	五五、九九八	一二、四五八	六八、四五七	四三、五三九
一九三〇	四八、三六〇	一一、七〇六	六〇、〇六七	三六、六五三
一九三一	五四、七九〇	一二、九八六	六七、七七七	四一、八〇三
一九三二	五八、八六八	五、四九〇	六四、三五九	五三、三七八
一九三三	五一、〇〇一	四、七四四	五五、七五五	四六、二六七
一九三四	四〇、七一六	四、五二六	四五、二三六	三六、一八三
一九三五	五八、三五六	四、九九一	六三、三四七	五二、三六五（以下千元）
一九三六	七四、三九七	四、七四六	七九、一四三	六九、六五一
一九三七	八〇、七一八	六、二二八	八六、九四六	七四、四九〇
一九三八	四五、三五〇	六、六六〇	五二、四〇八	三九、〇八〇
一九三九	五八、三五〇	一七、六九八	七六、〇三八	四〇、六八二

一九四〇	一〇七、五〇四	四八、五二二	一五六、〇二五	六八、九八三
一九四一(元月至九月)	一一二、〇一五	一一八、九二〇	二三〇、九三五	六、九〇五

東印度在我國對外貿易中所佔之地位，在一八七〇年輸入方面僅佔萬分之四，輸出方面不及千分之四，總額不及千分之二。自一九〇五年後年漸增加。該年輸入方面已佔百分之四，輸出已佔千分之二，總額已佔千分之七。一九二五年後，輸入又進而爲百分之四。一九三二年更進而爲百分之五・六。一九三四年又進而爲百分之六・一八。一九三六年再進而爲百分之七・九。一九三七年更進而爲百分之八・五。一九三九年則降而爲百分之四・五。在輸出方面，一九二五年至一九三四年十年中，皆佔總輸出百分之一有奇。一九三五年至一九三八年常在千分之七至千分之九間。一九三九年則增至百分之一・七。茲將七十年來東印度在我國對外貿易中所佔百分表如下：

年度	輸入	輸出	合計
一八七〇	〇・一	〇・四	〇・二
一八八〇	〇・二	〇・三	〇・三
一八九〇	——	〇・三	〇・一
一九〇〇	〇・三	〇・二	〇・三

一九〇五	一・〇	〇・二	〇・七
一九〇九至一九一三平均	一・三	〇・四	〇・九
一九一〇	一・二	〇・四	〇・九
一九一二	〇・九	〇・四	〇・七
一九一五	一・五	〇・七	一・一
一九二〇	一・四	〇・七	一・一
一九二五	三・九	一・三	二・七
一九二六	二・八	一・一	二・一
一九二七	二・七	一・二	二・〇
一九二八	四・一	一・二	二・八
一九二九	四・四	一・二	三・〇
一九三〇	三・七	一・三	二・七
一九三一	三・八	一・四	二・九
一九三二	五・六	一・一	四・二

一九三三	五・八	一・二	四・四
一九三四	六・二	一・三	四・五
一九三五	六・三	〇・九	
一九三六	七・九	〇・七	
一九三七	八・五	〇・七	
一九三八	五・一	〇・七	
一九三九	四・五	一・七	
一九四〇	五・三	二・五	
一九四一年一月至九月	五・二		

再就我國在東印度對外貿易中所佔之地位而論，從輸入方面言最近三十年中常佔總輸入百分之二左右；一九四〇年則增至百分之四。從輸出方面言自一九一〇年至一九二四年則佔總輸出百分之二；一九二五年後五年中則佔百分之三；一九三三年至一九三六年則減爲百分之二；一九三七年之後三年，則更減爲百分之一・三左右；一九四〇年回復百分之一・八。至其輸入價值在第一次大戰前之數年僅爲七百萬盾；大戰後之十年中，則升爲一千餘萬盾；一九三二年後之六年中又降爲六百萬盾至八百萬盾；一九三九年超過一千萬

盾，一九四〇年則達一千七百萬盾。至其輸出價值，第一次大戰前之數年爲一千三百萬盾；大戰後至一九三〇年則達五六千萬盾，爲東印度貨品輸入我國之黃金時代；一九三二年後則減至一千餘萬盾；一九三四年至一九三九年更減至一千萬盾；一九四〇年又升爲一千六百萬盾。茲將三十年來我國在東印度對外貿易中所佔之百分比及其價值表列于後：

年度	輸入		輸出	
	價值（千盾）	百分比	價值（千盾）	百分比
一九一〇至一九一四平均	七、〇〇〇	一・九	一三、〇〇〇	二・五
一九一三	九、〇〇〇	二・一	一八、〇〇〇	二・九
一九二〇	一一、〇〇〇	一・〇	三二、〇〇〇	一・四
一九二三		一・五		一・〇
一九二四	一三、〇〇〇	二・〇	二七、〇〇〇	一・八
一九二五至一九二九平均	一九、八〇〇	二・二	四九、八〇〇	三・一
一九二八	一八、八七〇	一・九	六〇、四八九	三・八
一九二九	一八、七四六	一・六	五五、二二二	三・七

一九三〇	一八、一九六	一・九	四三、七八八	三・七
一九三一	一四、一九一	二・五	二三、四九一	三・一
一九三二	六、〇一〇	一・六	一四、三一八	二・三
一九三三	六、六一五	二・一	一四、九四〇	一・二
一九三四	六、六七九	二・四	九、九一四	一・八
一九三五	五、〇〇〇	一・八	九、〇〇〇	二・〇
一九三六	五、九七七	二・一	九、七四〇	一・九
一九三七	八、七〇〇	一・八	一三、五〇〇	一・四
一九三八	八、二四八	一・六	九、七〇九	一・三
一九三九	一〇、一三八	一・九	九、八一七	一・二
一九四〇	一七、三〇六	三・九	一六、〇九七	一・八

（二）東印度商品輸入我國之分析

東印度輸入我國之商品，以砂糖、石油及其他礦物油爲大宗，且在我國市場中所佔之地位，甚爲重要，如糖漿、石蠟、柴油各項，常佔百分之六十以上；糖、火酒、汽發油、石磞油、扁陳汽油，各佔百分之四十以上；石油佔百分之二十以上；滑物油佔百分之十以上。蓋東印度大量輸出之貨品，正我國主要需用之貨品，故其輸入量甚大，如上述各貨品是。反之東印度主要需用之貨品，綿織品、鋼鐵及其製品，則非我國大量之輸出品，必順由歐美日本輸入。而我國大量之輸出品，如茶、土紙等，乃東印度所不需要者。故我國輸入東印度之貨品，僅供華僑自身之所需，其數甚微。茲將東印度輸入我國重要貨品分述于後：

（一）　砂糖　東印度砂糖之輸入我國，佔極大勢力，常在我國砂糖輸入總額百分之五十左右。我國砂糖輸入國家，爲東印度、日本、香港、台灣四處。但日本香港原不產糖，僅收買東印度之砂糖製造後，再輸入我國，如由香港輸入之車糖，乃係利用東印度之原料加以精製者。上海之雪白洋糖，亦係日人利用東印度之原料研成粉末者，蓋國人嗜好粉末之砂糖，而不習慣顆粒之砂糖也。

一九三二年輸入我國之外糖，值四千七百萬元，而東印度卽佔二千萬元，已佔總輸入百分之四十三。一九三六年東印度糖之輸入，降至三百餘萬元，其百分數亦減至三五・二。一九三九年更降至一百五十萬元，百分數再減爲六・五。是年砂糖總輸入值五千二百六十四萬元，而日本卽佔二千萬元。一九四〇年砂糖輸入總值爲七千萬元，而東印度輸入則上升至七百萬元。因該年台灣糖歉收之關係，佔總額十分之一。因此數年中日本砂糖輸入已隨軍事之勢力而大爲增加，並封鎖沿海各口岸，故東印度砂糖之輸入已退爲次要地位。茲將九年來東印度砂糖輸入價値及百分比列如下表：

年　別	價　　値(千元)	百　分　比
一九四〇	七、一四九	一〇・〇
一九三九	一、四〇七	六・五
一九三八	一、八七四	二一・九
一九三七	二、九八七	三〇・八
一九三六	三、一八七	三五・二
一九三五		
一九三四	七、五四二	四六・七
一九三三	一〇、八四七	五〇・五
一九三二	一九、七〇四	四九・四

東印度輸入之砂糖，以赤糖、白糖二種爲主要。所謂赤糖者，爲東印度砂糖標準等級之第八號至第十二號。所謂白糖者，分爲次砂、中砂及粗砂三種。次砂相等于標準第十三號至十九號。中砂相等于二十號至二十三號。粗砂相等于二十四號至二十五號。號數愈高，其色愈白。國內多盛行二十四號之粗砂，幾成糖業上之獨佔。

（二）　石油　我國石油之輸入，最初幾爲美國所獨佔。二十世紀之初葉，東印度石油價格大落，乃乘機侵入我國市場。一九一八年已佔我國石油輸入總額百分之一九・七，一九二二年至一九二八年退爲百分之六，一九二九年又增至百分之十五，一九三二年更增至百分之二十五，一九三四年已達百分之三十，一九三九年更達百分之六十。至其輸入數量與價值在昔美國常佔總額之半數東印度僅佔三分之一。今日情勢已變。歐洲大戰發生後，美國因忙于援英之關係，其出口多被統制，而我國因海口受敵人封鎖與運輸不便，故美油難于輸入。東印度以鄰近我國之關係，遂以近水樓台代美國而居石油輸入之首位。一九三三年東印度石油輸入值一千一百萬元而美國則值二千六百萬元；一九三四年美國減爲一千萬元而東印度更減爲五百七十萬元。此後數年中，一九三六及一九三七年東印度回復一千三百萬元，一九三八年及一九三九年又減至六百萬元，一九四〇年升至一千一百萬元。

（三）　其他礦物油　所謂其他礦物油者，卽除石油以外之柴油、汽油、及滑物油是也。東印度是項油類之輸入我國甚多，且年有鉅額之增加。如柴油一九三四年輸入價值八百餘萬關兩，約當我國柴油輸入總額百分之七十五，較一九一九年已增二十四倍；汽油輸入值七百餘萬關兩，約當該項油輸入總額百分之五十六，較一九一九年增加二百餘倍；滑物油輸入爲四十餘萬關兩，約當該項油總輸入百分之七・四，較一九一九年增加八倍。一九三七年東印度柴油輸入減爲四百五十萬元，一九三八年一九三九年及一九四〇年更減爲三百萬元左右。至于汽油之進口，一九三七年東印度輸入值七百萬元，一九三八年值四百萬元，一九三九年及一九四〇年各值六百萬元。就戰時之需要而論，其進口當不止一九四〇年度海關所報告，全國僅值之三千三百萬元。因軍用品之關係，不經海關之上稅，故無由知其輸入之確數。所可知者，一九三九年及一九四〇年由東印度輸入之汽油，已遠過于美國輸入之數目。此乃西南太平洋風雲緊急中一件值得注意之事也。

（四）其他商品　東印度商品除上述主要商品輸入我國外，石蠟、橡皮、化學產品、煤炭等亦有相當之輸入。石蠟在十年前以至于今日，其輸入皆值三百萬元。橡皮則近三年來已值一百餘萬元。化學產品在一九四〇年亦升至一百餘萬元。煤炭近十年來常在五十萬元至一百二十萬元之間。茲將十年來東印度各種商品輸入我國之價值表列于後（一九三四年前單位爲千關兩；一九三七年後單位爲千元）

種類	一九四〇年	一九三九年	一九三八年	一九三七年	一九三四年	一九三一年
油類	二六、一九七	一九、二三二	一三、〇三八	二八、五四四	一八、六九一	一七、七八七
砂糖	七、一四九	一、四〇七	一、八七四	二、九八七	七、五四二	二二、一一二
石蠟	三、五三八	二、七七七	二、九七四	三、三七〇	二、八四六	一、七六六
橡皮	一、六六九	七三六	五九一	一、八二〇		
化學品	一、一五三	五三四	二九九	三〇七	三〇二	五四六

煤炭	一、一三四	三七九	二一六	九一	五一二	
雜糧	二六一	三三四	二一六	五六七	二七一	九三七

（三）我國商品輸往東印度之分析

我國輸往東印度之商品，遠不及東印度商品輸入我國之多。數十年來，每值其輸入我國之總額百分之九左右，僅一九四一年爲輸出入貿易平衡之年，故言之至可悲也。所輸往之商品年來亦有變動。在昔大豆爲輸往東印度之重要商品，因東印度不產也。以七千五百萬人口之衆，每年所消耗之大豆，其數量當在二十萬噸以上。內百分之六十爲我國所供給。一九二一年至一九三一年，我國所輸往之大豆，每年均在百萬擔以上，值五六百萬關兩。我國出產大豆之區，以東三省一帶爲最盛。惟自一九三一年九一八事變後，日本強佔我領土，該地之大豆雖仍輸入東印度，但已不爲我所有矣。故年來大豆對東印度之貿易，在我國方面則減至年爲一千餘擔，值三五千關兩。且東印度自一九三四年限制大豆輸入以來，東三省大豆之輸入因而減少，一九三七年值一百餘萬元，一九三八年更低至二十萬元。今日輸往東印度之重要商品爲紗線疋頭。我國棉紗之出口，在昔年在四五十萬擔，值三四千萬元，而以輸往日本朝鮮爲第一二位，印度香港爲第三四位，東印度爲第五位。但在東印度方面，則我國棉紗佔其輸入總額百分之二十六，爲第一位。第我國棉紗之輸出，多爲日本在華紗廠所出之貨，而少國產，此吾人所應知者。抗戰軍興，我國沿海之工業區，卽遭敵人破壞，故棉紗之出口，因之減少。一九三九年秋，因歐戰爆發，歐洲東來之商品減少，故我國之出品得以增加。卽一九三八年我國棉紗之輸出總值爲六千三百萬元，而輸往東印度者爲三百七十萬元，佔總額百分之五・四。一九三九年棉紗輸出總值爲三千一百萬元，而輸往東印度者爲三百八十萬元，佔總額百分之一六。一九四〇年棉紗輸出總值爲七千萬元，而輸往東印度者值七百八十萬元，佔總額百分之七・八。

我國疋頭銷行于南洋者雖多，但銷入于東印度者在昔並不大，僅佔我出口總額百分之三至百分之六而已。卽在東印度方面，我國輸往之疋頭，亦不過佔其總額百分之一，以東印度市場已爲日本所獨佔也。一九三三年我國疋頭輸往東印度者值七十萬元。一九三八年降至五十萬元。一九三九年上升至二百五十萬元。一九四〇年更升至三百六十萬元。

他如玻璃、石泥砂製品、金屬、紙張，亦爲輸往東印度之次要商品。此種物品多供華僑本身之所需，非如棉織品可供印度尼西亞人之所需也。一九四〇年金屬輸往東印度者值九百萬元，玻璃值三百萬元，紙張值一百七十萬元，石泥砂製品值一百三十萬元。茲將十年來我國各種商品輸往東印度之價值，列如下表（一九三四年前單位爲千關兩，一九三七年後單位爲千元）

種類	一九四〇年	一九三九年	一九三八年	一九三七年	一九三四年	一九三一年
棉紗	七、七九七	三、七四五	三、三八一	二、三六五	一、四四〇	一、四一二
其他織品	八、二七〇	三、八九二	四二七	四六四	一、一三〇	一、二〇〇
疋頭	三、五八八	二、五一三	四八二	八八九	五	—
玻璃	三、〇六二	三七〇	三二	一九	九	一一七
大豆	—	—	—	—	九九	六、六三六
紙張	一、六五六	三〇一	一六五	二〇二	三一	一〇
菜蔬	四五六	一五八	一六五	一九一	二一	二五〇
電料	八八五	三九四	三三〇	二五四	—	—
金屬品	八、九四一	一、八六九	一一九	八七	—	—

（四）華僑對東印度商業上之貢獻

華僑在東印度爲居間商地位，亦稱二盤商，以介于印度尼西亞人與西人間而爲商業上之經紀人也。其業務一方收買印度尼西亞人之各種土產，轉售于歐美人之輸出公司，一方批發歐美日本等國之商品，以供給于印度尼西亞人從中以博微利。而于祖國工業落後情勢之下，自無法輸運國貨。故華僑商業之現狀，可謂僅謀其室家之溫飽，而不能有對我國國際貿易有所發展。

就華僑商業之勢力言，無論上自各都市之批發商，下至鄉村之零售商，幾爲華僑所獨佔。可謂東印度之商業，已成爲華僑二盤商之勢力。故華僑不但爲祖國與東印度間之輸出入商人，亦爲各國與東印度間之輸出入商人，故華僑實爲今日東印度經濟現勢下所不可少者。今後無論荷人仍統治東印度，抑或印度尼西亞人成爲獨立國家，華僑在東印度之經濟勢力，實牢不可破，至少本世紀內決無傾覆之虞。因前者經濟力量雖大于華僑，以僑民較少，又不慣于鄉野之困苦生活，僅能在商業大埠握有勢力，而不能普及于各小埠；後者雖人數多于華僑，但印度尼西亞人之社會，毫無經濟基礎，在彼輩今日生活窮困中，自然趨勢與外界壓力，使其難與華僑相提並論。華僑既有三百萬之人口，四十萬萬盾雄厚之財力，成千成萬間之商店，及三十餘萬之商業人員，今後祖國如欲發展國際貿易，不必遠望歐美，東印度實爲我國之大好市場。其人口既多，消費力自大，資源甚富，原料易得，其地又相鄰近，運費必少于來往歐美。如是則華僑原有之財產，不啻祖國一筆巨大之新投資；華僑原有之商店，不啻祖國工廠數萬間之分銷店；華僑原有之商業店員，不啻祖國新訓練數十萬之南洋商業專門人員也。如是而祖國富矣，而東印度華僑愈富矣，而印度尼西亞人之生活亦舒適矣，而我國與東印度之邦交將愈增親密矣。

顧東印度華僑商業勢力之程度何如？請以下言明之。方吾人之初入東印度也，無論在任何大小一埠，即見華僑商店林立。所謂西人商店者，寥寥如也。所謂印度尼西亞人商店者，更百不一見焉。驟觀之，幾疑仍處國內，而非遠在異鄉。此種情勢，實華僑勤勞耐苦之精神有以致之。

就華僑商業上之資產言，據一九三〇年吾人之調查，土產商資本在十萬盾以上者有一千五百家；雜貨商在五萬盾以上者，有一千二百五十家；布疋商在五萬盾以上者，有六百家；餘如普通商人資本在一萬盾者，有二萬八千家；大資本在五十萬盾以上者有一百四十家；一百萬盾以上者有五十家；一千萬盾以上者有七家；八萬萬盾有一家。總計東印度華僑之財富，當在四十萬萬盾以上。若以三百萬華僑而論，每人平均有一千盾，當有三十萬萬盾之多。加上已故黃仲涵氏[illegible]八萬萬盾之財產，亦達三十八萬萬盾。惟近年來全世界均遭受不景氣，華僑亦不能或免。今日之財富，恐較遜于前昔矣。

就華僑之業務言，業土產、布疋、油、米及魚干者，多閩潮籍之華僑；業影相、木器、及食館者，多廣肇籍之華僑；業雜貨、五金、罐頭食品、旅館、縫衣鋪、鞋鋪、金鋪者，多客籍華僑。業中國藥材者，多長汀、永定籍之華僑；業爪哇烟、西藥鋪及代理石油推銷者，多僑生。若以地方而論，東中爪哇之漳泉籍華僑多經營咖啡、糖、油、米、麵粉、豆、椰干、魚干、茶葉、木材、五金之出入口商及零售商；閩北及僑生多經營布疋、紗籠；客籍華僑多經營雜貨、罐頭食品、旅館；粵籍華僑多經營木器、影相、食店；西爪哇之漳泉籍華僑多經營油、米、咖啡、糖、布疋、魚干之出入口商及零售商；客籍華僑多經營米、薯粉、雜貨、布疋、五金、椰干之輸出入商及零售商；大埔及長汀籍華僑，多經營中國藥材；蘇島北部之客籍華僑多經營土産、橡皮、雜貨之出入口及零售商，並經營旅館、食館、五金、印刷、保險等業；閩籍華僑多經營魚干、土産之輸出入商及零售商；蘇南之閩籍華僑多經營橡皮、土産、胡椒之輸出商及油米之輸入商；客籍僑胞多經營雜貨及土産之輸出入商及零售商；邦加、勿里洞之海陸豐籍華僑多經營橡皮、胡椒之輸出商；嘉應五屬籍華僑多經營雜貨商、罐頭食品商；西婆羅洲之潮州籍華僑多經營土産、橡皮、椰干、油米之輸出入商及輪船、石油之代理人；客籍華僑多經營椰干、雜貨之輸出入商及零售商；東南婆羅洲之閩籍華僑多經營橡皮、各種土産之輸出商及油米之輸入商；廣肇籍華僑多爲石油代理人、木器、食館；西里伯斯島、小巽他羣島、摩洛加羣島之閩籍華僑多經營油、米、咖啡、椰干、牛、猪、各種土産之輸出入商及零售商；客籍華僑多經營雜貨、五金、罐頭食品之輸入商及零售商。大抵東印度方面在東中爪哇、蘇南、東南婆羅洲及西里伯斯一帶以閩南僑胞之經濟勢力爲最大，客僑次之，廣肇籍僑胞又次之；西爪哇及日里、棉蘭一帶，以客籍僑胞之經濟勢力爲最大，閩僑次之，廣肇籍僑胞又次之；西婆羅洲以潮州籍僑胞之經濟勢力爲最大，客僑次之。

就華僑經商之信用言，華僑在歐美日本之入口商所批發之貨物，多爲分期付款，期到款至，信用素著，極少期到而款不付者。因之各入口商極歡迎華僑之定貨，爲之推銷。再就華僑經商之技術言，彼輩深知遠離祖國，寄人籬下，故對于印度尼西亞人之購貨態度異常和氣。且華僑之薄利主義，有時對貨物亦可賒欠，如遇印度尼西亞人有急需時，亦可借貸。因之印度尼西亞人尤表歡迎，視華僑有如兄弟手足。

總之華僑若退出東印度，則東印度經濟立卽有崩潰之虞，其人民亦必遭凍餒之憂，其金融亦必大紊亂，其商業必陷于停頓，其政治必致無法設施，而其交通必致停滯。華僑與東印度之關係有如此者。

第三項　東印度華僑金融業之發展

（一）　華僑對東印度金融上之貢獻

華僑在東印度金融上之貢獻甚大，如商業上金融之往來，及農園之存款借款，皆與東印度之銀行業發生莫大之關係。而其農產品之委託銀行販賣，尤使銀行業獲得鉅大之利益。使東印度銀行業而無華僑之存放款，當無今日之興盛，而必陷于疲弊。東印度之外人大銀行，如荷人、英人、美人、及日人之銀行，約有十餘家，前已言之。一九二九年外人銀行之農業投資及放款，總共約有五萬萬盾；礦業投資及放款約有三萬萬盾；商業放款約有十萬萬盾；匯款爲三十萬萬盾；證券投資爲五萬萬盾；存款爲三十萬萬盾。該年東印度之銀行營業，總共爲八十萬萬盾。華僑除在礦業上、農業上及證券投資上對銀行較少關係外，其商業金融之往來、國際、祖國及領內之匯兌，以及定期與不定期之存款，皆爲華僑之所必需者。故華僑在東印度之金融業中約佔其營業總額百分之三十，卽貢獻于東印度金融上爲二十萬萬盾。其數字不爲不大。

(二) 民信局

東印度之有華人銀行，爲本世紀之事。往昔華僑在金融上多與外人銀行來往，與祖國之匯兑，則多賴民信局。所謂民信局者，爲華僑特殊事業之一。當十八九世紀銀行業尚未大盛之時，華僑匯款于國內者，每感困難，勢不得不賴有信用之商號爲之匯兑。以凡營業較大之商號在國內常有分號或聯號，此分號或聯號之營業又常與內地村鎮之商號相往還，而此村鎮商號之主人與附近居民，非親屬本家，卽爲故舊，故對于交款上甚感便利。若夫外人銀行，既感洋文書寫不便利，又感手續之麻煩，除通商大埠以外，復不多設立，致鄉村之匯兑無法進行。因之民信局遂成爲華僑各大商號之副業。其後營業愈廣，獲利愈厚，遂常改副業而爲正業。此民信局之所以盛行于東印度及其他南洋各屬也。迨至本世紀華人銀行業崛起，其信用遠過于民信局，而民信局本身又日久弊生，遂失其昔日之盛譽。一九三三年祖國交通部曾頒布取消民信局之命令，雖因各屬民信局之竭力請求，始獲允許暫存，但必須每封貼足由四分增至一角二分之郵票。一九三〇年東印度有民信局一百六十家。一九三七年祖國抗戰後，閩粤地方秩序常不安靖，民信局營業大受影響。時中國銀行復利用其國內分行之多，首先倡設信匯。于是向之民信局之事業，至此遂爲該行所奪。一九三八年華僑銀行繼起直追，與祖國交通部郵政儲金匯業局訂立合同，委託祖國內地郵政局代爲付款。該行遂設立民信部，營業日盛，其他民信局受莫大之打擊。一九四一年十一月郵政儲金匯業局停辦僑匯。明年中國銀行奉令全權辦理海外僑匯。一九四〇年東印度之民信局遂愈趨愈下，已不及百家。中以客帮爲多，廣肇帮次之，閩潮帮又次之。

（三） 華僑銀行業之演進

華人銀行在東印度設立者，前昔有巴達維亞之和豐銀行、巴達維亞銀行及添基銀行，三寶壠之黃仲涵銀行及馬森泉銀行，泗水之中華銀行，坤甸之四海通銀行，棉蘭之中華商業公司。和豐銀行于一九一八年在新嘉坡成立，資本四百萬叻元，爲閩僑所開設者，分行有十餘家。一九二六年初在東印度之巴達維亞及巨港設立分行。一九三二年合併于華僑銀行。巴達維亞銀行爲吧城華僑領袖邱燮廷、黎殷甫、許金安諸人所創辦者，資本五十萬盾，邱、黎兩氏分任經理。兩氏爲祖國南往之華僑，但已僑居爪哇數十年。該行爲祖國南往華僑商業之唯一金融機關。邱黎兩氏北旋後，許氏繼任經理。許氏爲爪哇之僑生，任東印度政府之瑪腰。東印度政府對華僑之官職分爲四等：首爲瑪腰，次爲甲必丹，再次爲雷珍蘭，最末爲甲首。瑪腰之取得，必須有功于東印度者。如文島之鍾瑪腰，吧城之許瑪腰，及棉蘭之張瑪腰，皆爲東印度政府所信仰者。華僑之事，凡得彼輩一言，政府每皆贊同，而彼輩亦忠心于東印度政府，以之主持巴達維亞銀行，亦能使華僑金融與當地金融打成一片，其利甚大。甲必丹亦稱甲大，如文島之林八記甲大是。雷珍蘭則各市鎮皆有。黎殷甫氏即前昔曾任雷珍蘭者，其原名純熙。甲首之官職如我國之甲長然。雷珍蘭則等于保長。甲必丹則爲西人之武官職，爲陸軍上尉。瑪腰則爲陸軍少校，有公館。此之所謂公館，非住所之謂，乃官衙之俗稱。凡華僑之任東印度政府官職者皆在此辦公。其任務爲宣達政府意旨，代收華僑之所得稅，與華僑對政府事件或政府對華僑事件之諮詢。添基銀行資本爲一百萬盾，爲僑生商業之金融機關。黃仲涵銀行爲糖王黃仲涵企業經營之一部分。黃氏經營企業之部門，有各地之糖廠、輪船公司、建源出入口公司、及黃仲涵銀行，而以後者爲其金融之周轉機關。黃氏遺產雖有數萬萬盾之鉅，但其經營之企業則有一定之數額，如各地之糖廠，每廠常在二百萬盾至四百萬盾之資本。計共糖業投資約在二千萬盾，輪船公司有一千萬盾之資本，建源公司有四百萬盾之資本，黃仲涵銀行則有一百萬盾之資本。馬淼泉銀行資本一百萬盾，爲華僑馬淼泉所開設者，亦爲華僑在三寶壠之金融機關，但現已倒閉。中華銀行爲泗水華僑所創辦者，資本一百萬盾，爲華僑在泗水之金融機關，惜現已倒閉。四海通銀行，成立于一九〇六年，資本實收二百萬叻元，總行設于新嘉坡，在坤甸設有分行，爲坤甸潮僑之金融機關。凡坤甸華僑與新嘉坡華僑有商業上之金融來往者，多以該行爲總匯。年來營業甚佳，一九三六年總分行共獲純利二十四萬叻元，一九三七年又獲二十四萬叻元。中華商業公司爲棉蘭華僑唯一之金融機關。其業務以日用雜貨爲主，兼理潮梅之匯兌，不啻一民信局也。一九三二年世界遭受不景氣襲擊後，新嘉坡之和豐、華商、華僑三銀行，應時代之需要，集中資本合併經營而稱華僑銀行。和豐銀行已如前述。華商銀行在新嘉坡華僑之銀行中資格最老，成立于一九一一年，資本一百萬叻元，營業最穩健。原有之華僑銀行，成立于一九一一年，資本爲二千萬叻元，實收五百二十五萬叻元，三行合併後，資本增至四千萬叻元，實收一千萬叻元。分行總共有二十一家，計馬來亞十三家，東印度四家，卽吧城、泗水、巨港、占碑四處是也；越南一家，緬甸一家；國內二家。合併後，其股票大漲，華商票面百元之股票由六十元漲至六十三元。和豐及華僑百元之股票由十五元漲至二十一元。于以見集中資本力量之大。一九三三年盈餘六十三萬叻元。一九三七年增爲九十二萬叻元，一九三八年爲八十萬叻元。一九三五年大華銀行又在新嘉坡成立，爲華僑王西丁等所發起，資本四百萬叻元，實收一百萬叻元，在東印度吧城、三寶壠、泗水、巨港設有代理處。一九三六年中國銀行初在南洋之新嘉坡設立分行。一九三八年又設分行于巴達維亞。中國銀行爲我國國家銀行之一，成立于光緖三十一年，卽一九〇五年，初稱戶部銀行，光緖三十四年改爲大淸銀行，民國元年乃改稱中國銀行。一九三五年資本增至四千萬元。在國內外分行支行有二百餘家。世界大商埠有代理九十七家。因其信用卓著，故華僑多與之交易。一九四一年中國銀行在東印度之代理處，計有爪哇之泗水、三寶壠、萬隆、井里汶、茂勿、普禾加多、馬吉冷、瑪瓏，蘇門答臘之棉蘭、把東、巨港，實武牙，西里伯斯之望加錫、萬鴉佬等十四處。除棉蘭爲中華商業公司代理外，餘皆由荷蘭之厄斯康多銀行代理。

書至此，吾人對于華僑之銀行業，深感其資本過于脆弱。其資本最多者爲華僑銀行之一千萬叻元，小者僅五十萬盾或一百萬盾。反觀荷人之荷蘭貿易公司，資本八千萬盾，荷蘭貼現銀行，資本五千萬盾，荷印商業銀行，資本五千五百萬盾英人之匯豐銀行資本二千萬港元，渣打銀行資本三百萬鎊；美人之花旗銀行，資本一萬萬二千五百萬金元；日人之正金銀行資本一萬萬日元。誠不可同日而語。今後華僑如欲保持其固有之經濟地位，或從而發展之，則非握有金融樞紐之銀行不爲功，此華僑大銀行之必須興起也。

（四）僑匯與祖國經濟之關係

華僑在海外既如是富庶，故每有餘資匯回祖國，以瞻養家室。因之僑匯問題，遂爲國人所重視。尤其在戰時政府管制外匯之際，僑匯遂成爲政府莫大之財源。顧僑匯之數量何如：在一八〇〇年至一九〇〇年，年在九千萬元之間；一九〇一年至大戰之前一年，常在一萬萬五千萬元；一九一四年後則增至二萬萬元；一九三〇年後，更增至三萬萬元至四萬萬元，有時達五萬萬元；七七事變後，華僑愛國心熱，慨慷輸將，僑匯增多，達八萬萬元；一九三九年國際風雲緊急，華僑深知南洋將變爲戰場，多將其一部分資金向祖國移送，該年僑匯達十二萬萬元；一九四〇年法幣匯率波動後，華僑以有利可圖，特別踴躍匯款，是年僑匯增至十八萬萬元，突破歷年之最高紀錄；一九四一年因南洋各國政府多限制購買外匯，致僑匯減少，是年僅二萬萬八千萬元；一九四二年南洋淪陷後，僑匯限于美、澳、印度各地，爲數甚少，終以法幣低落之關係，其數亦達四萬萬三千萬元；一九四三年法幣匯價益形低落，僑匯升至十二萬萬元；一九四四年又減爲七萬萬四千萬元。

東印度僑匯，常佔僑匯總數百分之一十至三十。其所匯地點，閩省常佔百分之三十至四十，粵省則佔百分之六十至七十。吾人如蒞臨閩粵兩省，則見潮梅一帶之田園房屋，皆僑匯所辦也；鼓浪嶼之精緻別墅，皆僑匯所建築也；廣肇人民之富裕，皆僑匯所賜也。僑匯既繁榮閩粵，亦穩定祖國金融。使祖國而無僑匯，則金融必感枯竭。僑匯亦安定祖國政治與社會。使祖國而無僑匯，則閩粵百分之七十之人民與僑匯有關者，皆無以爲生，無以爲業。且僑匯抵銷祖國貿易入超，關係吾國國民經濟之力尤大。自一八九〇年至一九四〇年之五十一年中，我國貿易入超爲一百二十七萬萬元，而同期之僑匯亦達一百二十三萬萬元，則僑匯不足抵銷貿易入超者僅四萬萬元。使吾國而無僑匯，則國家經濟之損失，殆有不堪想像者。故僑匯關係吾國貿易入超者實甚大。在此五十一年中，僑匯超過入超值者計二十年；達入超值百分之五十以上者，計十五年；在入超值百分之五十以下者，計十四年；而其餘二年則爲出超，不需僑匯補償。此中僑匯對入超值補償力最小者爲一九三〇年之百分之二十六，最大者爲一九四〇年之百分之一萬二千五百八十六。

（五）　華僑對東印度交通業之貢獻

華僑在東印度交通上之貢獻，殊有一述之價值。如東印度長凡七千餘公里之鐵路，其一部份實爲華僑包工下血汗之結晶。如東印度八十七港中工程之建築長橋防浪堤之修成，亦多爲華僑包工下血汗之結晶。千百年前，華僑之南來也東印度猶爲一片荒土，故人多稱之爲南荒。華僑篳路藍縷，以啓山林，造成今日之繁榮。華僑之功大矣哉。又因華僑經濟勢力之雄厚，人數之衆多，故對于東印度鐵路、公路、航路之客運貨，皆有相當之貢獻。至于東印度之航業，內洋航行雖爲荷人所壟斷，外洋航行雖爲西人所分潤，然華僑仍力圖掙扎，以達到自運之希望。今日東印度華僑之航業公司，亦有多所。三寶瓏之協榮茂輪船公司，爲黃仲涵企業之一部。初爲三寶瓏輪船公司，黃氏爲其重要股東之一，一九一二年乃頂承其全部業務，並受盤周潤鄉之協榮茂行，改組爲協榮茂輪船有限公司。有輪船六艘，但多爲一千餘噸之小貨船，共九千一百九十五噸。其航線有二：一航行于新嘉坡、吧、泗、瓏、井里汶各埠，每星期開二次；二航行于新嘉坡、泗水、馬辰線，每兩星期一次。此航業公司關係黃氏之財富甚大。當第一次歐洲大戰時，歐美輪船，多征調于戰時軍用，致無船東來。因之東印度之輸出入貿易商，甚感航運之中斷，而苦無法運輸其貨物。獨黃氏自有貨輪，便利于其貿易者甚大。黃氏財富之所以益形發達者，協榮茂輪船公司之功獨多焉。

新嘉坡之新隆興公司，以航行于新嘉坡、泗水、馬辰間，每兩星期一次。巨港之中華輪船公司，有船一艘，以航行于巨港、寥內及新嘉坡間。順美船局，亦黃氏所創設者，有船九艘，但皆數十噸至六百噸之小船，以航行于寥內及新嘉坡間。惟順美船局已于一九三五年讓與協榮茂公司，而保留原名。此外尚有新嘉坡之同益輪船公司，航行于新嘉坡與坤甸間，惜一九二九年已告停業。至于祖國之輪船，在昔有中國郵船公司之南京號及乃路號，航行于上海、香港、東印度及美國間，不幸此公司解體已久。今日東印度與祖國之航線，完全操諸渣華輪船公司及日本郵船公司。華僑如欲發展中南航業，必先聯合鉅大資本，以與歐人抗衡。聯合資本實爲資本主義制度下之必要條件，否則即無以自存。今後如欲發展中南貿易或華僑經濟，華僑本身必需握有規模宏大之航業公司，自運貨物，以應商場時機，免爲人所壟斷。否則徒屬空言，此國人與華僑所應注意者。

第三節　南洋華僑經濟復員計劃

第一項　中南貿易之復員

（一）　南洋需要我國製成品而製成品必需改進

東印度爲南洋之一重要部分。其情勢與南洋諸國多相同。又因其相互關係甚爲密切，而中南關係及世界與南洋之關係，多不能與東印度分開，故本文以此題出之。蓋東印度華僑經濟復員計劃，亦即南洋華僑經濟復員計劃也。

南洋爲資源豐富之區而非工業區，故南洋有大量資源之輸出，以供給世界各國。同時因其有一萬萬三千萬之人口，亦需要大量製成品之供給，以資消費。就其消費言，南洋實需要我國製成品之供給，因我國與南洋地相鄰近，中南關係有二千年之敦睦歷史，且有八百萬衆多華僑人口爲之媒介，而華僑又有雄厚之經濟力量爲之經營，而吾國製成品又工價低廉，頗適合于當地人民之經濟條件。蓋歐洲貨品其價甚爲昂貴故也。値茲戰後歐洲國家經濟疲弊已達極點，而其工業基礎又已破壞無遺，其復興時期，當在十年以後。吾國若能乘此時機推廣輕工業，以把握南洋之市場，則歐洲國家將難于插足。否則一俟其復興後，吾國必被摒棄于南洋市場之外矣。

顧南洋所需要我國製成品其種類爲何如?吾人可分爲印度尼西亞人所需與華僑及西人所需兩類以說明之。先言印度尼西亞人所需者。印度尼西亞人生活簡單。其生活必需品除當地所能供給者外，最要者爲棉織品。南洋氣候與土壤多不適宜于棉花之栽培，雖日寇在佔領期間，極力提倡棉花自給自足政策，結果亦告失敗。吾國黃河、大江兩流域爲產棉區域，戰後如能積極發展，則南洋棉織品之市場，不啻我國之市場。前者此種貿易，本爲日寇所獨佔。今日寇既已戰敗，將來和平會議席上，我戰勝國當限制其工業發達，以消滅其侵略野心。此實吾國棉織品在南洋發展不可多得之機會，棉織品之種類爲製造紗籠裙之棉布，製造女子服裝之蔴紗，及毛巾、汗衫、手巾、棉線等。因其足不著履，故襪子無所用。此次大戰前一九二八年棉織品之輸入南洋者，總價値爲二萬萬金元。此類棉織品，皆佔南洋各國輸入之第一位。戰後吾國能把握南洋之此種市場，當可抵銷吾國之入超。其次爲大豆，我國東北九省爲大豆之大量產地，其關係人類生活上之需要，盡人皆知。南洋則不多產豆，此種貿易之推廣，當可滿足南洋人民之希望。再次爲麪粉，南洋爲不產小麥之國家，麪粉之供給，在昔皆依賴印度及澳洲之輸入。吾國爲半產小麥國家，既有適宜之土壤與氣候，若能改良其品種，推廣其生產，則在南洋麪粉市場上，吾國當可代印度澳洲之地位。

至于華僑西人及高等印度尼西亞人所需者種類尤多。華僑在南洋既有八百萬之衆，專供其消費之製成品之價值與數量，當有可觀。即西人在南洋亦有三十萬之衆，因其飲食之豐盛，衣服之都麗，故需用我國高貴製成品尤多。若夫高等印度尼西亞人，非充政府高級官吏，即任農場廠主，非爲工商業鉅子，即屬金融交通界聞人，其確實數字，雖無法統計，然可想像其數目必甚大，至少亦在一百五十萬。因之所消費之物品，當亦不少。茲將吾國所供給之製成品分述于後：

（一）絲綢　如山東綢，在昔山東僑民常在南洋設莊販賣，並出入于西人與華僑住宅區內，以供其西服之用。此種綢類，以著者觀察，若製爲西服，似嫌太薄，若製爲內衫，又嫌太厚，故不能大量銷售。如欲大量銷售，必需加以改良。此種綢類爲天然之良好材料，且耐久用。如織造時線加粗，即可加厚，當可代美國銷路廣大之咔嘰布，及英國嗶嘰之地位。如印度綢、紡綢，爲製造內衣內褲之上等品質，但吾國廠方並未作大量推銷計，故未加以宣傳，聽其自由發展。今後吾國如欲發展此項工業，則國內廠方必需聯合向南洋大爲宣傳，使南洋人士知此綢類之優良。宣傳爲工業發展之利器，吾國廠家萬不可忽視之。

(二)火腿　南洋銷行之火腿，多爲澳洲製，其味淡。裝箱比較科學化，先以白布包裹，後以鹽充塞之，爲之保護，以防其朽臭。因其味淡，故可充塞以鹽。若夫我國之火腿，其味過鹹，不適于一般人之口味。而外面既無包裝，故小蟲常常鑽入，致外國海關以爲不衞生而拒絕入口。尤有甚者，國內商人貿易多不講求商人道德，往往因小利關係，售貨時不給足分量，定貨後，又不予眞實貨品，而常發劣貨。此種有虧信用之舉動，在國際貿易上尤不適宜。顧國內商人本吾國古來之風尚，貨眞價實，童叟無欺之格言，標榜于世。其實我國火腿，如浙江之金華火腿，江西之百嘉火腿，雲南之宣威火腿，均著名國內，其味甚香，非如澳洲腿淡而無味也。今後吾國火腿商，一方須往南洋實地調查火腿業銷售情形，一方須就南洋之需要，而改良其製法及包裝法。遠銷與近銷情形不同，此皆宜注意者。

(三)磁器　南洋銷行之磁器，多爲德日兩國貨品，以其價廉而式樣精巧也。論其磁質，則遠不如我國景德鎭之所產。顧我景德鎭磁器銷行于南洋者並不多。其原因爲式樣不合于西人之習慣。西人喜飲咖啡，亦愛飲茶。其飲茶也，如飲咖啡然。故無論咖啡具或茶具，吾國磁廠如能配合其需要，而加以改良，則吾國景德鎭之磁器，當可獨佔南洋之市場。吾國製成品欲銷行于南洋，必先求能適用於當地，不可守成法而不變。今後我國當以猪鬃、棕油、換取美國之機器及鋼鐵，以茶葉換取蘇聯之石油，亦當以磁器換取南洋之橡皮。

(四)雜貨　我國雜貨銷行于南洋者雖多，其來源多爲滬港粵之出品，其定貨多爲華僑自動之採辦，其銷路多爲華僑日用之需，國內廠家絕少向南洋加以推銷。因之亦無大宗之出品，更無由獨佔南洋之市場。國內廠家，如欲使百貨在國際貿易上佔有地位，應派員考察百貨在南洋之銷售情形，視其購買力之强弱，而定貨品之優次。歐美貨物多爲優質品，耐用而價昂日貨質較遜價廉而不耐用。以印度尼西亞人及吾僑之購買力薄弱，故趨之若鶩。此點殊堪注意。蓋歐美貨品雖耐用，但久用則貨品不新；日貨質雖劣，因其價廉，而可年年購新貨。此所謂適應其環境也。故一九三一年日貨已凌駕英美貨品而在南洋佔第一位。

（五）油漆　四川、江西、福建所產之漆爲世界名貴之產物但南洋並不銷行。南洋所銷行之油漆，多爲歐美製品。且桐油爲製油漆之主要原料，既爲我國之特產，則南洋油漆業當爲我國之市場。今適得其反者，以我國油漆商未加注意耳。今後如欲推銷我國油漆業于南洋一帶，亦宜先赴南洋實地考察其銷售情形，以爲預備。

（六）酒類　南洋各國雖加重酒之輸入稅外國酒之輸入者仍甚多。中以白蘭地、威斯忌、香檳、啤酒、外國燒酒爲最多。無論白人印度尼西亞人或華僑，均嗜好烈性之酒。上述除香檳及啤酒外，均屬烈性酒。我國烈性酒甚多，如貴州之茅台，四川之大麯，洋河之高粱，吳城之碧黃，山西之汾酒，陝西之鳳翔酒，皆著名者也。歐美人士之至我國者，無不欲一飲以爲快。此種酒不亞于荷蘭之寅酒，或英國之威斯忌。他如紹興之花彫，愈陳愈香。旨酒也。查吾國之茅台與大麯，在南洋幾無能知其名者，卽在國內亦復如是。若非抗戰，國府西遷，則吾人亦難有機會以飲此名酒，而歐美人士反多已知其名。故酒類于戰後在南洋大可推銷。所需注意者，其裝璜及眞實貨品耳。

（七）食品　天津之黄芽白北平之冬菜，四川之榨菜廣東之鹹菜，湖南之蓮子，江西之腊味，以及滬廣之罐頭，皆華僑所嗜者。此類食品如能大量運銷，當可抵銷南洋石油輸入之漏巵。

（八）茶葉　在昔吾國茶業之盛，獨佔世界之市場，後以印度、錫蘭及東印度茶業之崛興，已代吾國之地位，華茶銷行于南洋者，遂爲其所奪。但華僑仍嗜好祖國茶葉，如閩僑潮僑嗜鐵觀音及水仙，粵僑嗜鐵羅漢以及一般僑民嗜龍井、香片、烏龍、菊花等是。此種茶業，如能積極推銷，仍可在南洋茶業上佔重要地位。

（九）香烟　南洋高級之香烟市場已爲歐美所獨佔，而廉價香烟之市場則又爲當地手工烟業所獨佔；故吾國銷行于南洋者，爲中等香烟。在昔南洋兄弟烟草公司之出品，盛行一時。戰事發生後，遂完全停頓。將來恢復正有待于大規模之籌備。且南洋出產名貴烟葉，吾國如能以其原料加以製造，再運返原地銷售，其獲利當有可觀。總之吾國製成品，頗多爲南洋方面所歡迎。其有一部分不適合者，如能加以改進，當可獲得莫大之效果。

（二）　我國需要南洋之國防資源

國際貿易之原則，以減少輸入增加輸出爲目的。其不關于吾國國防者，資源雖多，吾人亦當限制其輸入，以減少吾國入超。反之，關于吾國國防所用者，產量雖有限，亦當設法增加其輸入。顧南洋之國防資源爲何如？一爲石油：南洋年產原油一千萬噸，而東印度即佔百分之八十。今後我國恢復並發展國防工業，交通業，輕重工業，以及建軍大業，無不需要石油。在我國石油工業尚未發達之時，南洋石油遂與我國休戚相關。今後我國除積極自行開鑿甘肅及其他各省之油礦外，必需與東印度締結一石油協定，使每年供給我一定數量之石油。二爲橡皮：橡皮爲今日輕重工業及機械化部隊所必需之品。此種資源南洋已出產世界百分之九十以上。我國珠江流域爲亞熱帶氣候，如適宜于栽種，自宜提倡種植。否則亦當按其所需，與馬來亞或東印度締結橡皮貿易合同。橡皮爲南洋必需出口之商品，而其輸入我國，自爲南洋各國所歡迎。此應予以說明者，橡皮有一部分爲華僑所經營，將來是否由其供給，則有待于吾國經濟部之決定與交涉。三爲米穀：中南半島每年有五百萬公噸餘糧之輸出。目前吾國政府亟應注意者，即數年來日寇在我廣大淪陷區內將耕牛宰爲肉食，農具變爲軍用器材，且連年災荒，餓莩載道。今戰事既已勝利結束，我政府宜早爲之備，與中南半島諸邦，簽定米業貿易合同，以爲大量儲藏，藉減少將來之死亡。四爲錫：錫爲輕工業之包裝材料，亦爲軍需工業之材料。吾國如感覺需要時，自宜注意及之。五爲椰干：椰干係製造肥皂之重要材料。六爲硬質纖維：係製造麻袋之材料。上述皆復與吾國工業所必需之資源，而南洋正儲備大量以待估也。

（三） 華僑商務與祖國商務必需打成一片

戰前華僑商務似與祖國商務脫節，而祖國商務亦與華僑商務隔離，致造成各不相關之情勢。此焉能發展中南國際貿易，又焉能增進華僑與祖國之關係。以我國情勢而論，華僑商務，如不能得祖國政府之保護，則其發展必有限度；祖國商務如不能得華僑商店之推銷，則其發展亦必感困難。因之必需使祖國商務與華僑商務打成一片。如祖國發行一新商品，有千百間華僑商店爲之定貨，爲之大量推銷，則其貨當能迅速售出，致兩得其利。反之，如祖國廠方需要某一種資源，有華僑商店爲之供給，則其資源當能迅速運至。又如華僑商店需要某一種貨物，有祖國商店爲之迅速供給，既有貨應市，當不失商業上之時機，而獲利必厚。卽雙方或有金融上短少時，亦可互爲墊款，而不致有停業之虞。著者以爲祖國工商界必需組織南洋工商考察團，考察南洋商務，以爲推銷祖國工商品之準備；而南洋華僑商界，亦需組織祖國工商考察團，考察祖國工商業，以改進祖國商品對南洋之推銷，以交換南洋資源于祖國。今日中南關係實甚隔閡，祖國人民知南洋情形者，僅閩粵兩省而已，其他省份，皆甚茫然也。反之，南洋僑民知祖國情形者，亦僅知其家鄉閩粵兩省而已，其他各省又甚茫然也。其情形既隔閡如是，遑論工商業之發達。此所以年來中南貿易不及南洋總貿易百分之十也。然此不能歸罪于華僑方面，實過去祖國政府及工商界漠視之錯誤耳。爲今之計，必需以祖國全國工商業之力量，發展中南貿易；以南洋華僑全體商界之力量，協助祖國工商業之復興。今後祖國工商業暢銷之路，其目標必爲南洋，並不必遠望歐美。吾國且將代替日寇而獨佔南市洋場。吾人應知南洋者，亞洲南部一部分之土地也。若我政府更能于經濟部之下組織一南洋貿易局，以指導其工商業之發展，則其收效必更宏大。

（四）勤勞耐苦爲華僑過去之奮鬭精神但在戰後經濟復員中仍感不足必需以學識爲其礎

往昔吾人對在海外成其偉業之華僑，輒以具有勤勞耐苦之奮鬭精神稱之。此實爲事實，華僑當之並無愧色。蓋數世紀以前，南洋盡屬榛樸之區。華僑初至斯地者，披荆棘闢草萊，開山林通貿易。非有勤勞耐苦之精神，曷克當此。其後資產既進，遂作更大之經營。適斯時印度尼西亞人生活甚易，惰性天成，而知識又不如華僑，華僑終以勤勞耐苦之精神及較高之知識，戰勝一切，成爲天之驕子，而造成今日雄厚之經濟勢力。今者時移事變，生活既較前爲艱難，遂使印度尼西亞人不得不積極以求生存。昔日華僑勤勞耐苦之精神，印度尼西亞人亦被迫而具備之。又因年來殖民地政府對當地敎育之積極提倡，使印度尼西亞人知識大進，敎育程度與華僑已無所軒輊。加以近數年日寇佔領南洋後，對華僑經濟基礎已破壞無遺，致華僑今日在南洋之經濟形勢，已遠不如往昔之優越。故在今日華僑經濟復員中勤勞耐苦之精神已感不足，而必需以學識爲基礎。著者以爲戰後祖國政府必需派遣大批經濟人員協助華僑原有經濟之復興，同時華僑本身必需求得經濟上之學識。今日之世界，爲學識競爭之世界，再無僥倖成功之理。一切更加艱難。我能爲者，人亦能爲之。我之學識優于人，則我之力量必增大。我之學識低于人，則我必被消滅。十九世紀爲華僑之黃金時代，二十世紀則爲華僑艱苦之時代，華僑之經濟優勢，已成過去。華僑未來之艱苦殆有不堪想像者。願華僑勿再以過去勤勞耐苦之精神爲我民族之法寶，必以學識爭取優越地位。

第二項　中南航運之復員

（一）貨物自運在國際貿易上之優勢

發展一國之國際貿易，除以工業品或原料品爲其主要目的外，交通工具亦爲附帶條件。貨物必需自運貨物而能自運，在國際貿易上卽佔優勢。貨物而不能自運依賴他國船舶爲之代運，非第運費昂貴，且失市場之時機，以外船必儘先爲其國人運貨也。華僑對商店之設立，雖有經驗，對于輪船公司之組織，則不多感興趣，故中南航運由國人所開設者，僅有廈門豐字號之輪船公司。南洋航運由華僑所設立者，僅有本章第二節第三項所述之若干小公司。我國如欲發展中南貿易，必先有中南貿易上之交通工具。中南貿易之程度如何，則中南航運應隨其需要爲之供給。戰前中南貿易年有一百五十萬噸之貨運，及五十萬人之客運，此皆爲外船所載運者。今後欲發展中南貿易，則其數量自必增加，故噸位亦必增加。目前我國船隻除沒收敵人者外，尚有購自英美及英美贈送者，將來除一部分用爲內河及沿海航行外，另一部分則必劃歸航行中國與南洋羣島間。若更就南洋船舶進口總噸位言，一九三八年爲六千五百萬噸，則中南航運僅及其百分之二·三。今吾國若能從遠處着想，則未來國富之進展，當百倍于今日也。

（二）中南航運復興計劃

甲 航 線

戰後我國欲復興中南航運，必須擴大其組織而有航運網。國家事業不能如私人事業由小入大。國家一事業爲國家整個計劃之一部，必需視其需要而定完善之計劃，戰後中南航運網可分爲下列六線：

（一）中國與東印度東線 由營口經天津、大連、烟台、上海、基隆、厦門、汕頭、香港、馬尼拉、三寶顏、山打根、打拉根、廝里巴板、萬加錫、荅鼇陵、泗水、三寶瓏、吧城、丹絨板蘭、坤甸、三口洋至古晉而返香港、營口，每兩星期一次。

（二）中國與東印度西線 由香港經西貢、新嘉坡、寥島、文島至巨港，每星期一次。

（三）中國與中南半島線 由上海經基隆、厦門、汕頭、香港、西貢、盤谷、新嘉坡、檳城、棉蘭至仰光，每星期一次。

（四）中國與印度線 由上海經基隆、香港、新嘉坡、檳城、仰光、加爾各答、錫蘭至孟買，兩星期一次。

（五）中國與澳洲線 由上海經基隆、香港、馬尼拉、三打根、萬鴉老、安汶至澳洲，兩星期一次。

（六）中國與暹羅線 由厦門經汕頭、香港、西貢至盤谷，每星期一次。

乙　資本及噸位

中南航運應以國家資本及華僑資本組成之。國家資本加入之意義，爲國家有整個之航行計劃，必需顧及中南航運之發展，且有關國際新事件之發展，必與外國之營利益發生衝突，以政府之力量當較民營爲大。華僑資本必需參加之意義，爲南洋物資多爲其所經營，而祖國貨物又爲其所推銷，彼若不加入，則對中南航業無由發生關係，將影響航業之進展，且雙方聯合之資本必雄厚。資本如不雄厚，當不能與外國航運公司競爭，勢必受其壓迫。資本之多寡，以船隻及噸位總數之多寡爲定。今我國船隻既多取償之于敵，如以一部分撥歸發展中南之航運，則不需購製輪船之費用，僅籌公司之開辦費，則二百萬金元已足。至于輪船隻數，以每航線對開計算，至少需三十艘至四十艘。其噸位以每艘五千噸計算，共達十五萬噸至二十萬噸。若半數爲一萬噸之船隻，則達三十萬噸。至共造船費總共需款一千五百萬至二千萬金元。然此必須專家加以研究也。

丙　貨運客運

貨運爲航業上之主要營業。今後中南貿易必趨于發達，故貨運亦因之而頻繁。我國今後必走向工業之路，在政府經濟發展計劃中，供給南洋以商品，而取得南洋之國防資源，必爲其首先實行之計劃，故將來中南貨運之發達，必倍蓰于昔日，而其營業亦當有可觀也。客運雖不如貨運之厚利，但每年中南來往之僑民年在五十萬人。此種客運自宜把握在手，矧華僑咸以乘本國船隻爲便利乎。

丁　技術人員與管理人員

航業上之最重要者，爲技術人員與管理人員。吾國過去航業之不振，雖曰國家未注意及之，然技術人員之缺乏，與管理人員之未加以訓練實爲其一大缺點。英國與挪威爲航業之先進國家，美國尤執戰後之牛耳。吾國此時如不急起直追，則必益形落後。故宜趁早遴派海員以往諸航業先進國家實習，以便戰後有人員可用。

第三項　中南金融業之復員

（一）　我國銀行必需遍設南洋各埠

歐人銀行在南洋之所以能發達者，半恃其對農商業之放款，半亦由于與華僑金融之往來。使歐人銀行而無華僑金融之往來，則必不至如今日之發達。華僑既有如此之大宗存款，則我國銀行應保持其利益。吾國國家銀行在南洋之分行既不多，而華僑方面之銀行又以資本脆弱，不能與歐人銀行抗衡，故戰後我國銀行必需遍設分行于南洋各埠，造成南洋之我國金融網，而將各銀行之業務加以劃分，以免互相衝突。即以當地華僑各銀行爲南洋華僑方面金融之周轉機關，以經營南洋間之匯兌、存款、放款、貼現等，以發展其農工商業，並需擴大其資本。在每一有華僑二千人之市鎮中，應有一家華僑銀行之分行，以爲華僑金融之總匯。南洋有二千華僑之市鎮，至少有五百處之多。因之華僑各銀行之分行，亦當有五百家之預計。我國國家銀行則爲中南貿易及交通之樞紐。其營業爲出入口之放款、貼現、保險以及僑民祖國之匯兌等。凡有進出口之都市，或僑民匯兌衆多之地，均應設有分行或其代理處。

（二）祖國資本與華僑資本必需大交流以發展中南之大企業

華僑在南洋之財富，據西人估計，約有四十萬萬金元。其中投資于南洋農工礦各業者，約有十萬萬金元。然華僑之此種投資，全憑其自身之力量所造成，祖國政府無與也，祖國資本界更無與也。因之造成華僑資本限于孤立之狀，而不能得到靈活之運用。往昔國人每希望華僑投資于祖國。然祖國資本與華僑資本不能聯合，則華僑資本對祖國即無由信託，以一切均甚隔閡也。故戰後祖國資本與華僑資本必需大交流，以發展中南雙方之企業。因華僑既感南洋此次之創痛鉅深，多有思歸者，而其資本必設法內移。國內亦因戰爭之關係，驟增無數之新資本，亦有思向國外發展者。如是祖國資本與華僑資本形成大交流與大聯合。聯合之力量，遠勝于華僑資本之孤軍奮鬬。祖國資本既向南洋作企業上之投資，則此種新資本不啻即對祖國國防資源以無窮供給之機會。反之華僑資本向祖國投資，即可開發祖國之實業，而增進祖國之興盛。尤可注意者，即一九三八年南洋總貿易爲二十萬萬金元，輸出爲十二萬萬金元，輸入爲八萬萬金元。其數目不爲不大，而中南貿易僅佔其百分之十。戰後如中南金融大交流，中南商務大擴展，則其百分數必形大增也。

中華民國三十六年九月初版

東印度與華僑經濟發展史

全一册　定價國幣壹拾壹元陸角
（外埠酌加運費匯費）

(2133)

編著者　丘守愚
發行人　吳秉常
印刷所　正中書局
發行所　正中書局

平·本　1/1